Edilson Santana

O Pequeno Príncipe que Habita em Nós

Uma jornada de sabedoria psicológica,
filosófica, espiritualista e literária

1ª Edição
Fortaleza, 2020

CeNE
EDITORA

Edição Edmilson Alves Júnior, Igor Alves, Irenice Martins

Coordenação Geral Jordana Carneiro

Revisão Joana D'arc da Silva Craveiro, Rebecca Cunha

Projeto Gráfico e Diagramação Diego Barros

Capa Diego Barros

Ilustrações Internas Aquarelas originais de Antoine de Saint-Exupéry 1943

Elementos de capa e miolo Freepik

Edição Conforme o Novo Acordo Ortográfico da Língua Portuguesa
Dados Internacionais de Catalogação na Publicação (CIP)

S232p Santana, Edilson.
O pequeno príncipe que habita em nós: uma jornada de sabedoria psicológica, filosófica, espiritualista e literária / Edilson Santana. - Fortaleza: CeNE, 2020.
144p. : il, P&B. ; 15x22cm. Ilustrações originais de St. Exupéry.
ISBN: 978-65-990355-6-2
Filosofia. 2. Psicologia. 3. Teoria Literária. 4. Crítica Literária.
5. Espiritualidade. I. Título. CDD 370

Ficha catalográfica elaborada pela Bibliotecária Rafaela Pereira de Carvalho CRB - 1506

CeNE EDITORA

Av. Santos Dumont, 1343 - Loja 4 - Centro
Fortaleza - CE - CEP 60.150.161
www.editoracene.com.br / (85) 2181.6610

Os textos e as citações de escritores e filósofos transcritos nesta Obra, contém indicações das referidas fontes. Essas citações foram incluídas para embasamento das ideias filosóficas, psicológicas, literárias e espiritualistas formuladas e articuladas pelo Autor, bastante provocativas e reflexivas, isentas de quaisquer apropriações dos respectivos Direitos Autorais.

Importante ressaltar, no entanto, que a maior fonte de inspiração desses inscritos provieram da obra "O Pequeno Príncipe", de Antoine De Saint-Exupéry.

PARA MARIA FERNANDA

Criança é símbolo de inocência, de simplicidade natural, de espontaneidade; e esses são os sentidos que lhe dou, em toda sua pureza. Significa uma lúcida promessa, uma dádiva da Vida, há muito presente em nossos sonhos, acolhida no templo do nosso Amor. Nesse aconchego de ternura e acalanto, a Vida recomeça a transbordar em alegria.

O "Deixai vir a mim as criancinhas", por modelo, **não** traduz a ideia de abstinência absoluta. Mas, o roteiro de educação integral, a ser cultivado em todas as dimensões do Ser; mobilizada pela pedagogia do Amor e do Afeto em suas múltiplas manifestações.

Como é bom ser criança a embalar sonhos infantis, encontrando tudo no nada, enquanto muitos adultos **não** encontram nada no tudo. Como é bom ser criança, e é muito bom também, quando já idoso, em plena lucidez, podermos pensar nos tempos em que éramos crianças. Aí se fundem nossa maior ventura com nossa eterna aventura, o somatório do lúdico com a maturidade.

SUMÁRIO

PREFÁCIO

Permitam-me iniciar esse prefácio adiantando-lhes uma passagem que Edilson Santana escreve neste livro: "Estamos na escola da vida, no maior sistema de aprendizagem, onde o próprio erro ensina a acertar.... Sendo assim, é tarefa nossa acolher nossa humanidade ainda imperfeita, tarefa que ninguém poderá fazer por nós, em que cada um deve encontrar seu melhor jeito para viver". É sobre ser aprendente que as palavras de Edilson me fizeram pensar, é sobre ser capaz de construir história, é sobre tornar-se sujeito autor como autobiógrafo, é sobre a criança que já fomos, as que estão sendo e as que nascerão.

Quando penso naquelas que estão chegando, incluo Maria Fernanda, que inspirou a escrita deste livro. Assim, como avó-psicopedagoga, penso na aprendente que virá a ser, situando-a em um tempo e em uma história que lhe caberá construir. No processo de aprender que Edilson me fez pensar, há um sujeito que se historia, que reconhece a passagem do tempo e vive a experiência de pertencimento. Para historiar-se é necessário ser sujeito ativo e autor capaz de significar o mundo, significando-se nele. Sendo assim, para ser biógrafo de sua história é preciso construir(se) um passado, no sentido de que seja possível contar a si mesmo o relato acerca de quem esteve sendo até o momento e das múltiplas histórias que, como uma rede, ligam-se umas às outras.

Escrevo em agosto de 2020 e, neste momento, Maria Fernanda já tem um lugar na história que vai encontrar já contada. Sabemos que uma criança, desde cedo, mostra-se interrogando o mundo, suas leis, suas regras, seus sentimentos e suas sensações e cabe aos adultos acolherem as perguntas sem entregarem todas as respostas. Possivelmente, quando este livro for publicado, Maria Fernanda será o nenê de Emmanuely e Vicente, sua história e ela mesma serão relatadas pelos adultos por um bom tempo.

Quando chegar à adolescência, Maria Fernanda irá se encontrar diante do desafio e da grande possibilidade humana de narrar a si mesma. Para isso, ela precisará tomar relatos, imagens e recordações que os adultos já lhe ofereceram sobre o que aconteceu até então e que lhe diz respeito. Neste novo momento, Maria Fernanda poderá ser autora do seu relato, o que só se torna possível pela capacidade humana de ser aprendente. Entretanto, o desafio de narrar a si mesmo **não** inicia na adolescência. Quando uma criança brinca, ela já está realizando esta difícil e encantadora tarefa humana. Quando um pai relata algo à sua filha ou quando uma mãe lê um conto ou entoa uma canção, a criança começa a tecer essa parte permanente do seu trabalho de se construir e se reconstruir com fios que ela já conhece e com os quais poderá tecer novos tecidos.

Quando um avô escreve um livro para dizer à sua neta, “ainda no aconchego uterino”, que sempre é possível “um novo olhar sobre O Pequeno Príncipe”, ou quando a avó paterna aceita escrever o prefácio desse mesmo livro, ambos estão antecipando uma menina capaz de experimentar a alegria de aprender que “é quase tão lindo quanto brincar”. Ser aprendente implica ser capaz de construir espaços de autoria e um modo de situar-se de novo diante do passado.

Sendo assim, o trabalho de construção autobiográfico jamais estará terminado, trata-se de um belo trabalho de construção e reconstrução permanente que Maria Fernanda também terá que fazer, um trabalho que tem a vida e o viver como escola. Portanto, Edilson, com seus escritos, inspirou--me a registrar, para que nenhum de nós se esqueça, que Maria Fernanda chega com uma tarefa que será unicamente dela: a tarefa de se historicizar. Todos que já estamos nesse caminho há mais tempo sabemos que se trata de uma "jornada de descobertas", tão longa, tão surpreendente e tão aberta a múltiplos encontros quanto a viagem do pequeno príncipe.

Maria Helena De Nardin
Avó paterna

PREÂMBULO

> *"Valeu a pena?*
> *Tudo vale a pena se a alma* **não** *é pequena.*
> *Quem quer passar além do Bojador*
> *Tem que passar além da dor*
> *Deus ao mar o perigo e o abismo deu*
> *Mas nele é que espelhou o céu"*
>
> *(Fernando Pessoa, em "Mar Português")*

"Este livro tem a finalidade de estimular o cultivo do pensamento", são as palavras introdutórias do autor, que antecipa que aqui temos uma obra em que sua riqueza se baseia no cultivo de perguntas, algumas respondidas fundamentadas em suas experiências, seus anos de maturidade, suas práticas pedagógicas, mas, sobretudo, abertas àquilo que cada um possa traduzir de seu para construir a própria resposta e, principalmente, elaborar novas perguntas.

Para falar da importância dessa obra e de suas perguntas para a infância, é necessário que eu retorne e encontre a criança que fui.

Lembro-me que, por volta dos meus 8 anos de idade, recebi um livro de presente do meu pai. Era o clássico livro "Mensagem", de Fernando Pessoa. Uma poesia sempre foi a minha predileta - "Mar português" e, curiosamente, é a única poesia que eu conseguiria declamar hoje, pois, como diria Adélia Prado, "o que a memória amou fica eterno". Com 8 anos, eu **não** conhecia qual o significado da palavra "Bojador" e decidi perguntar ao meu pai. Entretanto, ele **não** me explicou e pediu para que eu mesma pudesse descobrir.

Meu pai sabia de todo o percurso das grandes aventuras históricas dos navegadores portugueses, mas, conscientemente ou **não**, permitiu que o "bojador" fosse uma marca através da qual eu pudesse escrever os meus próprios significados. Vasculhando minha estante há pouco tempo, mais de duas décadas após, encontro o mesmo livro, que denuncia a passagem do tempo em suas páginas amareladas e nas letras que ali deixei. Ao lado da palavra Bojador, a menina que fui (e que sou) escreveu um significado próprio, muito diferente do significado histórico.

Talvez meu pai **não** saiba, mas esse foi o melhor presente que ele deixou para mim com esse livro: que eu **não** reproduzisse o significado histórico, tampouco interpretado por ele, tampouco imaginado pelo poeta, mas que eu pudesse construir um significado próprio, válido para a história da minha própria vida. Esse significado, tão simples e aparentemente infantil, vem me permitindo escolher, parafraseando o poeta, ter uma alma que **não** é pequena para atravessar cada Bojador do meu mar, nos momentos em que é preciso ir além da dor.

Essa pequena cena da minha infância me fez refletir acerca da importância da transmissão desse livro para Maria Fernanda. Aqui, ela encontrará palavras de seu avô materno, de sua avó paterna, de sua mãe. De tudo isso, menos importará o conteúdo que cada um produziu, mas o traço que cada um deixou para que ela possa dar a ele os próprios significados. O conteúdo é possível de transmissão, mas o que preenche um traço próprio **não**. Por isso, ele é o mais valioso presente simbólico que se pode deixar para uma criança: ela **não** partirá do vazio solitário de referências, mas do traço aqui deixado por cada um que compõe seu tecido familiar. Entretanto, esse traço permitirá e exigirá que ela produza seus próprios sentidos, que constituirão seu enredo de vida. O conteúdo do livro será acessado, interpretado à sua maneira, diferentemente em cada fase de seu desenvolvimento, de maneira inesgotável, como diria o autor. A partir do traço dessas letras, entretanto, é que ela poderá interpretar algo de si mesma muitas e muitas vezes.

Carlos Heitor Cony, em sua "Quase memória", tem um trecho que me inspira: "Era a letra do meu pai. A letra e o modo. Tudo no embrulho o revelava, inteiro, total. Só ele faria aquelas dobras no papel, só ele daria aquele nó no barbante ordinário, só ele escreveria meu nome daquela maneira, acrescentando a função que também fora a sua (...). Se tudo era ele no papel, no barbante e no nó, havia a letra. Fosse eu cego, mergulhado na treva mais profunda da carne, bastaria passar a mão sobre ela para saber que era a letra dele". Aqui, nenhuma menção sobre o conteúdo escrito pelo pai. Aqui, a transmissão do traço enquanto letra que fez a marca tão profunda.

Escrever um livro para alguém é, portanto, deixar uma marca e, sobretudo, supor que o outro poderá lê-la. Assim, quando o fazemos, posicionamos **não** um sujeito criança passivo, que apenas recebe um presente, mas um sujeito criança ativo, que poderá refletir, escrever, construir e interpretar ao seu modo a partir daquilo que recebeu do outro. É a criança que já é suposta leitora, intérprete, pensante. Localizo então esse livro como um grande presente para a criança: uma transmissão simbólica preciosa a partir da qual ela pode produzir uma série de significações para ser o sujeito-ativo de sua história.

Quem conta uma história para uma criança precisa menos se preocupar em como explicá-la e mais em permitir que ela a interprete a partir da criação de imagens e representações, pois sabe que ali a criança recria também a si mesma. Manoel de Barros nos ensina isso com a sua profunda simplicidade característica:

> "O *rio que fazia uma volta atrás da nossa casa.*
> *Era a imagem de um vidro mole.*
> *Passou um homem e disse:*
> *essa volta que o rio faz se chama enseada.*
> **Não** *era mais a imagem de uma cobra de vidro mole que fazia uma volta atrás da casa.*
> *Era uma enseada.*
> *Acho que o nome empobreceu a imagem*"

Meu desejo é que cada criança que receba esse livro possa atuar a partir dele escrevendo sua própria versão de muitas formas e que cada adulto que receba esse livro possa reencontrar a criança que foi e resgatar, em suas páginas amareladas e resistentes, os significados, as letras e os traços que deixaram as marcas que o tempo **não** apagou.

Emmanuely Macedo Santana De-Nardin
Mãe

APRESENTAÇÃO

É fato conhecido que O Pequeno Príncipe conta uma história que fala a todos, crianças ou adultos. Mas, **não** tão conhecido é o motivo pelo qual essa história se imortalizou. Isso deve-se ao fato de, como as parábolas e os contos de fadas, ser esta uma história arquetípica.

Arquétipos são os conteúdos do Inconsciente Coletivo, que é como o psicólogo C.G.Jung, contemporâneo de Freud, chamou a parte da psique que é comum a todos os seres humanos. Uma espécie de ponto de partida psíquico, em que somos potencialmente iguais, e onde se encontram algumas "fôrmas" (daí o nome arquétipo) de nossos pensamentos, sentimentos e comportamentos.

O Pequeno Príncipe diz respeito ao arquétipo da criança, ao *puer* que habita a nossa psique. Trata-se de mais que um resquício ou memória de nossa infância, mas da criança divina que possuímos, a parte da nossa alma que constitui a base do filosofar. E o que tem filosofia com infância? Ora, as crianças são naturalmente filósofas! Elas estão sempre curiosas e dispostas a aprender. Elas **não** foram ainda contaminadas pelo misoneísmo - o medo do novo.

O autor Josteein Gaarder explica em O Mundo de Sofia que filosofar é a capacidade de nos deslumbrar, de enxergar novidades, algo que, quando ficamos adultos, acabamos esquecendo. Porque adultos acreditam erroneamente que já sabem de tudo. Perdem a conexão com sua criança interior e, ao olharem o desenho de uma cobra que engoliu um elefante, veem apenas um chapéu.

Vou avisar: esse livro é para as crianças que se encontram aprisionadas no mundo adulto. Acredito que, através dele, Edilson Santana quer evitar que tenhamos o mesmo desfecho do garotinho da história. O Pequeno Príncipe, para voltar para casa, deixou-se picar pela serpente.

A serpente também é um arquétipo. Ela pode simbolizar um certo entorpecimento da consciência. Assim, segundo Saint-Exupery, quem quiser resgatar sua criança interior precisa se "entorpecer". Há muitos adultos fazendo isso, o que **não** é bom. O resultado é uma sociedade negativamente infantilizada, irresponsável e inconsequente.

Edilson Santana, porém, nos convida a trazer nossa criança à consciência de forma positiva, através da filosofia. Ótima ideia!

Parabenizo-o por enxergar, em O Pequeno Príncipe, muito mais que um chapéu!

Caroline Secundino Treigher
Psicóloga, especialista em Psicologia Transpessoal
Mestre em Educação.

ESCREVENDO PARA A ALMA

Escrevendo para a alma, neste livro, adotamos o método de perguntas e respostas. Diz um provérbio latino que "saber perguntar já é saber metade." Cada texto começa com uma pergunta, e cada reposta é apenas um começo a ser aprofundado.

A intenção, no que for possível, é de trazer mais consciência e provocar questionamentos e reflexões. As respostas, com rara exceção, **não** são diretas e fechadas como equações matemáticas do tipo encontrado em escritos de autoajuda. Sabemos pouco e, por isso mesmo, tentamos evitar respostas prontas do positivismo moral, do politicamente correto, do radicalismo ideológico e dogmático religioso.

Não nos apegamos a muletas de palha, porque a base sobre a qual apoiamo-nos deriva do pensamento e da prosa poética de O Pequeno Príncipe, de uma sabedoria da Alma, infinita e progressiva. Existem temas controversos, mas **não** apontamos resoluções mágicas. A sugestão é que o(a) próprio(a) leitor(a) dirija-se à própria alma como fonte mais conhecida que toda a literatura, mais profunda que todas as publicações, maior que o homem meramente intelectual. Por tudo isso, esperamos que o(a) leitor(a) possa fazer suas próprias perguntas dando-lhes as próprias respostas, cujo processo poderia iniciar com a indagação: "O que a alma quer?"

"Crianças, sejam quais forem os obstáculos, nunca desistam dos seus sonhos. A vida fica mais difícil quando deixamos de olhar para as estrelas. Usem as conquistas para encadear recomeços. As derrotas, para fortalecer a busca de renovadas vitórias. Nunca se acomodem. Sonhos que estimulam vontade, impulsionam passos, expandem Inteligências, elevam a alma, atiçam a curiosidade, despertam a consciência, asseguram a liberdade, a vontade de aprender e de praticar o bem; nos faz proativos, e tornam-se realidade.

QUAL A RAZÃO DE SER DESTE LIVRO? COMO DEVE SER LIDO E QUAL SUA PROPOSTA?

Para ser objetivo, este livro tem a finalidade de estimular o cultivo do pensamento em crianças, jovens e adultos. Provocar o pensamento crítico construtivo, estimular o processo de autoconhecimento. Aprofundar o nível de cognição e contribuir para reflexões mais amplas das ideias contidas na obra original, focadas agora em estudos psicológicos, filosóficos, espiritualistas e linguísticos.

Este livro se lê como se queira: pelo começo, pelo meio ou pelo fim, e até pelo avesso, pois o considero inacabado, aberto a muitas possibilidades de leituras e interpretações sobre as quais têm ocorrido muitas controvérsias, desde tempos remotos. Pode ser lido de conformidade com a inspiração do momento. Cada tópico se basta, mas **não** encarcera o pensamento nem se pretende definitivo.

Devo dizer, no entanto, que houve sim um propósito de sistematização, sequência e ilogicidade, com o objetivo primordial de estimular o leitor.

Por isso, pode ser lido, também, seguindo a ordem didática de O Pequeno Príncipe. Opção livre, como livre deve ser o receptor para formular suas próprias conclusões, se a temática lhe permitir unilateralidade de enfoque.

Fica claro, entretanto, que o sumário desta obra organiza o todo e lhe dá a melhor lógica que foi possível. Mas, **não** achei justificável suprimir breves repetições textuais das falas do livro original, nem sempre premeditadas, que eu **não** quis expurgar, já que, cada comentário tem um enfoque próprio ou diversificado.

Agora que este livro existe, como desafio empreendido para homenagear minha neta, que possa alcançar voo por si mesmo, porque **não** sei exatamente se terei sido eu quem o fez ou terá sido o livro que me formou, mobilizando meu potencial para releitura, reflexões, mas, sobretudo, minhas práticas pedagógicas e experiências de vida, sempre numa crescente nos muitos anos de maturação. O certo é que sempre percebi deficiências no processo de ensino-aprendizagem em se tratando da imposição de leituras paradidáticas e de uma única interpretação de seus conteúdos literários. Creio que isso, também, foi motivo preponderante para que ousasse contribuir na supressão dessa lacuna com o objetivo mudança, despertando, de igual, o gosto pela leitura.

Enfim, trata-se de um livro para todas as idades, uma jornada interminável de sabedoria e de crescimento moral e intelectual a partir da releitura de um clássico infanto-juvenil.

Doravante, este opúsculo, em perguntas e respostas, pertence ao mundo, e Maria Fernanda será sempre lembrada como uma Vida acolhida, amada e homenageada desde o ventre materno, receptáculo do poder *Criador Cósmico* supra pessoal.

Nossa gratidão a todos e todas que compartilharam nessa construção afetiva-intelectual e, mais ainda, àqueles que venham ao nosso encontro compartilhar dessa diálogo de saberes, degustando dos múltiplos sabores dos que têm saudável paixão pelos livros.

A QUE SE PROPÕE ESTA RELEITURA DE "O PEQUENO PRÍNCIPE?

Dessa inesgotável fonte, ousei extrair a essência, livre da ilusória pretensão de esgotar o inesgotável. Trata-se apenas de simples legado a minha neta Maria Fernanda, ainda no aconchego uterino.

Essência aqui quer significar atributos, conjunto de caracteres psicofísicos, intertextuais, a partir das atitudes e falas de uma criança, endereçadas também aos adultos. O autor do livreto, por quem nutro grande admiração, apesar da linguagem poética, **não** se lança de forma mais profunda no transcendente. Suas balizas me parecem delimitadas ao percurso existencialista, com ênfase à filosofia moral. Por isso, dispensa o litígio metafísico provocado por Sartre quando diz que *a existência precede a essência*, ou seja, que primeiro agimos para somente depois virarmos aquilo que somos.

Penso, porém, que a perspectiva existencialista ultrapassa até mesmo a simplificação de existirmos pelos nossos atos; mostramos, ao agir, nossa essência, deixando claro quem realmente somos. No entanto, a meu ver, isso **não** altera a compreensão de que somos responsáveis por nossas ações, escolhas e omissões. Aqui, conjuga-se o binômio liberdade com responsabilidade.

Com efeito, **não** estamos mobilizados, presos ao fatalismo nem à liberdade absolutos. Em razão disso, e tendo em conta que a Humanidade se constrói, preliminarmente, no núcleo central do indivíduo - sua essência; o espanhol Pablo Casals sintetizou a Criança Interior, o pequeno príncipe, plena de sabedoria e alegria de viver, nesse belo poema:

> "*Quando vão ensinar nossas crianças na escola o que elas realmente são? A cada uma delas, deveriam dizer: Sabe o que você é? Um milagre! Você é única! No mundo todo* **não** *há um segunda criança que seja exatamente como você. Um milhão de anos se passaram sem que existisse outra criança igual a você. Olhe seu corpo, que milagre ele é! Suas pernas, braços, dedo indicador, seus passos. Você pode se tornar um Shakespeare, um Michelângelo, um Beethoven.* **Não** *há nada que* **não** *possa ser. Sim, você é um milagre. E como poderia, quando crescer, causar sofrimento a outro que também é um milagre?*"

A rigor, o pequeno príncipe está dentro de cada um de nós. Às vezes, silencioso. Resta-nos despertá-lo, saboreando cada pérola oculta de sua imensurável sabedoria. A nossa proposta aqui, em uma releitura da obra, é, sobretudo, focá-la, de forma interdisciplinar, sob as luzes da Filosofia, da Psicologia e da Espiritualidade.

A PARTIR DAÍ, COMO INTERPRETAR TEXTOS LITERÁRIOS?

Tenho insistido (e **não** me penitencio) em dizer que muitos conteúdos, contidos em livros consagrados de todas as tradições, são textos literários, em prosa ou em verso. E, como tal, **não** constituem apropriação particular. Escapa sutilmente do emprego denotativo de captação cognitiva. Saber e sabor são indissociáveis nesse processo de comunicação, porque o receptor, para o pleno usufruto da decodificação, necessita compreender uma modalidade especial de linguagem. Abrir-se à polissemia que o caracteriza, ou seja, abrir-se à relatividade das proposições, mobilizar-se emocionalmente. Às vezes, em um nível mais profundo. À evidência, o texto literário pode ser lido no nível de superfície ou no nível de profundidade. Porém, sempre ciente da multissignificação a ele inerente, em um nível manifesto e em um nível velado ou em latência no discurso. É preciso desprender do texto o que, na sua polissemia, nele se diz, no seu tempo e além do tempo.

Com efeito, o texto literário é *potência*, seu espaço de potência permite aprofundamentos, interpretações e visões múltiplas, muitos horizontes. Aqui, o mais importante é sabor e sensibilidade. Apenas a título de exemplo, lancemo-nos nessa aventura, sem maior pretensão, lendo o poema *Irene no Céu*, de Manuel Bandeira:

> "*Irene preta/Irene boa/Irene sempre de bom humor/. Imagino Irene entrando no Céu: - Licença, meu branco! / E São Pedro bonachão: Entra, Irene. Você* **não** *precisa pedir licença/.*"

Vamos a uma das possíveis interpretações do texto. A nível de superfície, simples identificação de um diálogo imaginário. A chegada de Irene no Céu, onde foi solidariamente acolhida. Aprofundando a latência, o poema exalta a humildade, a simplicidade, a fraternidade, à luz da moral cristã. Além da dimensão religiosa, volta-se para a realidade social brasileira, destacando o ângulo de uma atitude paternalista em relação ao negro. Embora, ao fundo, se possa deduzir uma fala de Jesus, *Bem-aventurados os limpos de coração, porque deles é o*

Reino dos Céus; reproduz a ideologia dominante, simplificando a questão do preconceito racial na figura de Irene - estereótipo do negro humilde e bondoso. Escapa aí questões fundamentais: como preconceito explícito e implícito, religiosidade afro-brasileira, a luta dos negros pela afirmação da identidade cultural, a inclusão social, a política de cotas, a importância do negro na formação de nosso país, a mitologia herdada da África etc. Poderíamos acrescentar a opção que o autor fez pela linguagem coloquial, sem que o poema perca em força e expressão emotiva diálogos, narrativa, bastante pedagógicos.

É claro que esses breves comentários **não** esgotam todos os espaços da interpretação. O metafórico, a polissemia, a intersubjetividade, propiciam inúmeros enfoques e múltiplos olhares. Por isso, desprovido de críticas vulgares e busca de inúteis e intermináveis conflitos, limito-me a enaltecer o valor cultural, político, sociológico, histórico e contextual em que nos coloca o poeta. *Irene entrando no Céu*, a meu ver, é antes de tudo, um expressivo exemplo de quantos aspiram o ideal de perfeição. **Não** precisa pedir licença. Vai, por si mesma, até o limite dos méritos que conquistou.

ENTENDI. MAS, E SE TRATANDO DO PENSAMENTO E DA VISÃO FILOSÓFICA, O QUE TEM A DIZER?

Com relação à autonomia do pensamento em uma visão filosófica, o mais importante é se libertar do espírito de sistema. Gosto de filosofar a partir do encontro de diferentes perspectivas, diferentes maneiras de compreender o mundo, a Vida, o devir, a diversidade, a dinâmica existencial, sem respostas absolutas. Pontos de convergências e de divergências enriquecem o diálogo, propiciam o progresso. Já imaginou um mundo de um homem só, de um só livro, de uma ideia só? O existir é eminentemente dialético. **Não** quero cômodo, quero o incômodo. Gosto de incomodar e de ser incomodado no universo das ideias. Com isso, vivo em um movimento pendular entre diferentes abordagens para as questões humanas. Estou cristão, estou espírita, estou *teósofo*, estou *maçon*, estou *taoista*, estou *espiritualista*, finalmente, estou no mundo.

Faz anos. O que me assegura a liberdade de pensar, **não** sei viver com pensamentos enclausurados, gosto da pluralidade, respeito a diversidade.

No entanto, nós humanos temos dificuldades em viver sem dogmas. Tenho restrições ao pensamento algemado, bem como aos mitos que criam um Deus semelhante aos homens. Mas, defendo o direito ao contraditório até as últimas consequências. **Não** é o caso de escolher uma forma de crenças, ideias, religiões, políticas, ideologias e considerá-las umas melhores que outras com exclusivismos. É o caso de criar, a partir do encontro com o diferente, de múltiplas e novas possibilidades de pensar, compreender, conviver e existir; permitir-se pensar juntos.

Assim sendo, a filosofia pode nos tirar da zona de conforto, de certos benefícios ou vantagens. Por isso é comum desqualificar a filosofia. Dizem que apenas os gênios, os eleitos, podem desfrutar de sua complexidade. **Não** é verdade. A filosofia trata também das questões cotidianas. Agora, tanto a banalização quanto a elitização são meios de afastá-la de sua missão fundamental. Porém, filosofia **não** é pensar solto, *viajar nas ideias*. Possui uma gênese. Supõe conhecimento de si e da realidade. Pensar com fundamentos acerca das questões que necessitamos enfrentar. Contextualizar, remontar às origens e consequências do problema, traçar a história do problema. **Não** pressupor nada. O bom filósofo é aquele que começa pelo **não** *saber*, questionando suas próprias ideias, **não** assumindo posturas dogmáticas radicais e **não** radicalizando as suas crenças, em um processo contínuo de supressão da ignorância.

Quantas vezes nos posicionamos sem saber sequer do que se trata? Pautados em quais referências? Temos ideia das consequências de tudo isso? **Não** se deve colocar nossas questões mais complexas, nossas escolhas, nossas vidas, em mãos inábeis. Uma vida **não** é algo que exista isoladamente. Tudo está inter-relacionado. Tudo flui. Tudo é contextualizado: tempo, cultura, linguagem, tradições, interesses.

Você conversou com alguém que acha que sabe, antecipadamente, o que você vai falar? Alguém que **não** lhe deixa concluir o pensamento, conclui por você? E, pior, conclui equivocadamente? E agora, o mais relevante: você já fez isso? A espécie humana é falível, estamos todos sujeitos a falhar! Devemos considerar as nossas possibilidades reais, a importância do autoconhecimento, para, gradativamente, alcançarmos formas de existências mais adequadas as nossas necessidades singulares.

Uma concepção de mundo muito próxima a de Heráclito me atrai: um constante devir, um fluxo contínuo, nada permanece o mesmo. Essa ideia exige constante movimento, possibilita a flexibilidade, a capacidade de modificar, pelo progresso permanente, a existência, desvendando novos e complementares horizontes, atribuindo renovados sentidos à Vida, que **não** cessa, se renova, se expande ao *infinito*. Seja como for, nossos posicionamentos, nossas ações e omissões, nossas escolhas, serão responsáveis pela construção de nós mesmos e do mundo (interno e externo) em que vivemos e em que viveremos. Por consequência, somos todos responsáveis. Procurar entender isso já é um bom começo para filosofar.

A INFÂNCIA TEM SUA ÉTICA PRÓPRIA, QUE NÃO PODE E NEM DEVE SER DESCONSIDERADA?

Houve um tempo em que a *infância* **não** existia na concepção humana. Crianças sempre existiram. Mas, a infância, como ciclo da vida, com características próprias, asseguradas por leis, foi uma construção lenta. Na Grécia Antiga, ao que se sabe, foi Aristóteles o pioneiro em articular rudimentos de filosofia moral sobre os deveres da família de cuidar da educação da criança. Nasce aí um lampejo de criação da infância para os gregos. A rigor, tratava-se, porém, de algo de pouco alcance, porque as meninas, os escravos e os estrangeiros eram excluídos da elite ateniense.

No Império Romano, ocorreu o mesmo. Algumas ideias de infância floresceram. No entanto, aos poucos, se diluíram e foram se perdendo. Na Idade Média, essas ideias praticamente inexistiram. A infância *medieval* é nula. Crianças de sete anos já trabalhavam. **Não** existia quase nada para elas: roupas, médicos, livros. As mortes de crianças eram ostensivas. Essa fase inicial da vida tinha pouco ou nenhum valor social. O significado da palavra criança era de subalternidade, soldado, lacaio, auxiliar. Cita-se, a título de exemplo, a *cruzada* ou guerra *dos meninos*. Somente nos séculos XV e XVI, inicia-se o resgate do pensamento greco-romano no que se refere à infância, com um novo olhar e perspectivas de futuro. Ali, se destaca Erasmo de Roterdã e Guttemberg. Erasmo, ao debruçar-se sobre a civilidade pueril, enfatiza que **não** existe nada mais tenebroso do que uma criança que se comporta como um adulto, que fala e veste como um. Foi dele o primeiro ensaio sobre a necessidade de se estabelecer uma separação entre o mundo da criança e o mundo do adulto, em muitos aspectos, inclusive na questão da sexualidade.

Na verdade, havia grande promiscuidade entre criança e adulto. **Não** existia separação nítida. Aquele pensador adianta-se ao declarar que "a infância é uma fase diferente daquela do mundo adulto." Para se chegar ao mundo adulto, é imprescindível percorrer fases antecedentes e complementares, com prevalência do lúdico na educação. O mundo infantil deve ser preservado e alimentado. A noção de vergonha, intimidade, singularidade, afetividade e de valores ético-morais passa, pois, a integrar essa visão do alvorecer da infância. Com efeito, esta tem sua época própria que **não** pode e nem deve ser desconsiderada, mesmo porque, seja como for, permanecerá conosco por toda a existência. Por isso mesmo, é antinatural pedir à infância aquilo que só a idade viril pode dar. Ela é, antes de tudo, um período que reclama maiores cuidados e amor. É a germinação e o futuro da Humanidade. É vivência que acompanhará o Ser ao longo da vida. E tanto é assim, que todos querem vivê-la novamente, ou seja, o mesmo encantamento, a mesma inocência, a mesma curiosidade, a mesma admiração, a mesma alegria, a mesma simplicidade, a mesma beleza. Embora seja um elo distante, um elo aparentemente desaparecido, aspiramos sempre resgatar a alma infantil que existe em nós, em nossa cidadela interna, em nossa memória afetiva. Quem **não** trocaria todas as paisagens do mundo pelas paisagens de sua infância? Sem elas, de certo, perderíamos a capacidade de reinventar a vida, com seus símbolos, sonhos e acalantos.

QUAL A IMPORTÂNCIA DO LIVRO INFANTIL NA VIDA DA CRIANÇA?

Livros para crianças, a meu sentir, são todos aqueles que ouvimos ou lemos antes de chegar à idade adulta. São lições que a memória amou, e que fizeram de nós leitores voluntários pelo sabor e pelo deleite. Esses livros têm o poder de fazer o leitor se reconhecer nas personagens.

De conseguinte, escrever para crianças **não** é nada fácil. É imprescindível falar a mesma linguagem, cativar, divertir, emocionar, tornar-se amigo e depois transmitir lições de sabedoria. Essas leituras **não** devem ser impostas e nem ficar restritas às salas de aula.

São leituras plurais, cantadas, declamadas, representadas, adaptadas, transmitidas oralmente, por escrito ou dramatizadas. Miro-me aqui no exemplo de Olavo Bilac, cujas poesias foram recitadas, memorizadas e cantadas por várias gerações. Vejam o quanto seu texto aproxima-se de tudo quanto anotei: graça, leveza, afetividade, inocência, na disputa de duas meninas por uma boneca e o consequente aprendizado.

Transcrevo o poema na íntegra, intitulado A Boneca:

"Deixando a bola e a peteca, com que ainda há pouco brincavam, por causa de uma boneca, duas meninas brigavam. Diz a primeira: 'É minha!' - 'É minha!' a outra gritava; e nenhuma se continha, nem a boneca largava. Quem mais sofria (coitada!) era a boneca. Já tinha toda a roupa estraçalhada, e amarrotada a carinha. Tanto puxavam por ela, que a pobre se rasgou ao meio, perdendo a estopa amarela que lhe formava o recheio. E, ao fim de tanta fadiga, voltando à bola e à peteca, ambas por causa da briga, ficaram sem a boneca."

Não sou escritor infantil. Apenas faço adaptações, ligeiros comentários, muitas reflexões, algumas explicações, já que, parodiando a velha lei de Lavoisier, em sede de literatura, nada se cria, tudo se transforma. Um clássico, como O Pequeno Príncipe, nunca termina de dizer aquilo que tinha para dizer. É um livro que consegue ser eterno e sempre novo. São muitas razões para ler os clássicos desde cedo, atentos às adaptações progressivas a cada idade. **Não** há livros infantis, há homens que **não** amadureceram.

QUAL A IMPORTÂNCIA DA LEITURA DESDE CRIANÇA?

O contato com a boa leitura carece de estímulo desde cedo, seja porque fica durável na lembrança, seja porque ativa emoções, seja porque grava impressões que ficam marcadas de forma profunda.

Nos primeiros ciclos da existência, a memória é terra fértil e adubada, disponível às plantações, sob a chuva e a luz do sol, lançadas sobre potências a serem desabrochadas. O mundo adulto dá testemunho disso. Com efeito, consagrados escritores, poetas, críticos literários, pensadores, místicos, linguistas, intelectuais, psicopedagogos, psiquiatras, psicanalistas, psicólogos, cientistas, costumam abordar esse tema.

Carlos Drummond de Andrade relembra seu deslumbramento com Robinson Crusoe. Clarice Lispector falou sobre da felicidade ao ler Reinações de Narizinho. Paulo Mendes Campos decantou Alice no País das Maravilhas, que lhe ensinou como abrir portas para a realidade. Roland Barthes, em leituras adolescentes, bebeu das fontes da mitologia grega uma sabença fascinante que o acompanhou por toda vida. O Velocino de Ouro imantou William Morris com a força do magnetismo. Jorge Luis Borges se confessou em débito com obras consideradas infanto-juvenis como O Médico e o Monstro e Moby Dick. George Steiner confessa que desde menino lia histórias do Antigo Testamento como *uma voz tutelar*. Ernest Hemingway fazia questão de divulgar sua grande admiração e fascínio pelo livro juvenil As Aventuras de Hucklebery Finn. Evandro Lins e Silva, renomado jurista, declara-se grandemente marcado pelos contos de fadas e pelas conversas com sua mãe a respeito dos livros que lia. José Lins do Rego, de tanto ouvir histórias tradicionais, contadas por uma ex-escrava, foi tão influenciado a ponto de introduzir, na literatura brasileira, traços marcantes da oralidade. O renomado Umberto Eco expõe seu deslumbramento com as nuances narrativas da *introdução* de Pinóquio.

A rigor, essa diversidade literária foi lida cedo, na infância, pré-adolescência e adolescência, e foi incorporada ao acervo afetivo-cultural dos leitores vida-a-fora, contributo valiosíssimo para a formação integral do homem. As primeiras leituras, no entanto, **não** implicam, necessariamente, em mergulho profundo nos originais. Existem boas adaptações que podem anteceder aos textos mais densos, a depender de múltiplos fatores, inerentes a cada individualidade. O ideal é que a leitura seja progressiva, dependendo da idade e da maturidade do receptor. O mais importante é prover meios, estímulos e recursos para que aconteça o primeiro encontro, assim como no primeiro beijo; algo sedutor, atraente, tentador, suficiente para cativar o lúdico em ambiência alegre e descontraída, onde todos os convivas, em sua pureza e simplicidade, confraternizem uma boa história bem contada e compartilhada.

Sendo assim, **não** cabe obrigar a leitura de nada. Monteiro Lobato advertia que "*Obrigar alguém a ler um livro, mesmo que seja pelas melhores razões do mundo, só serve para vacinar o sujeito para sempre contra a leitura.*" Por conseguinte, vale sempre a pena lembrar que **não** se deve coagir ninguém a ler. A leitura é um direito, **não** um dever. Alimento do Espírito, o livro tem, antes de tudo, que despertar a sede e a fome do saber, sem imposição. Deploravelmente, ainda se exige hoje leituras de livros ininteligíveis em escolas, causando fastio e prisão do direito ao livre pensar. Ler é trajeto voluntário e prazeroso, afrodisíaco. **Não** pode se converter em escravidão. Escravidão é masmorra, leitura é libertação. Um clássico jamais fica velho, **não** tem prazo de validade. É livro para ler e reler em qualquer idade porque promove a expansão da consciência, do intelecto e da moralidade saudável. Os clássicos são livros para sempre. **Não** há justificativa para deixar de ler os clássicos desde moço e em qualquer etapa da vida. Essa é a razão primordial de meu esforço, estudo, análise e pesquisa, para refletir e comentar um opúsculo que já faz parte de mim, no quase centenário de sua primeira edição, com o título "O Pequeno Príncipe Explicado a Minha Neta."

AO QUE LEVA UMA LEITURA RASA DE LIVROS DE AUTORES CONSAGRADOS?

Li em algum lugar que "*a psiquiatria é o estupro da musa!*", expressão polêmica, **não** sei sobre qual fundamento, mas que nos remete à questão da insanidade. A sociedade alemã, na época de Hitler, era insana e ele simplesmente se apropriou dessa insanidade fria e calculista? Uma sociedade que se deixa levar por ideias insanas está fora de si? Insanidade é o mesmo que irracionalidade e loucura? É possível ser completamente são ou completamente insano? Platão reportou-se a um tipo de *loucura* Divina, entendida como possessão pelas musas. Dizia que esse tipo de loucura era necessário à produção poética.

Mas, determinados psiquiatras querem modificar nosso pensamento, querem que sejamos pessoas moderadas. Querem destruir nossa musa. Essa crítica **não** pode ser generalizada. Na realidade, decorre dos efeitos de certas medicações antipsicóticas, tanto nas crianças como nos adultos. **Não** seria melhor a insanidade do que matar a inspiração criadora? No diálogo Fédon, de Platão, Sócrates fala de uma possível combinação de sobriedade e loucura como motivação para a Alma filosofar.

Esse entendimento do Autor, **não** generaliza, mesmo assim cabe enfatizar que um Escritor jamais passará incólume em relação a críticas, o que é natural, diante do fato de que, nem sempre é possível obter uma opinião unânime principalmente, sobre determinados temas, por sua natureza controversos.

É importante que possamos preservar nossa musa inspiradora, que **não** nos tornemos excessivamente moderados a ponto de deixarmos morrer nossa criatividade, inspiração e movimento de criação necessários para viver, ainda que muitos tentem dizer o contrário atualmente, por interesses diversos.

Respeitando a pluralidade de pensamentos e especificidades, entende-se aqui que a questão **não** é criticar ou depreciar a nobilíssima profissão dos psiquiatras. O problema é a interpretação que se possa fazer do uso de antipsicóticos, e dizer que a insanidade **não** é o melhor, sugerindo que certos pacientes cessem a medicação, para que **não** percam a inspiração.

A controvérsia sobre escolher entre a insanidade ou inspiração criadora é muito bem colocada no filme "Mente Brilhante". Também essa é uma questão entre os próprios psiquiatras e o movimento antimanicomial. Nise da Silveira, grande representante desse movimento apresentou casos de pacientes que, lobotomizados para se ajustarem aos padrões comportamentais vigentes, perderam o dom artístico que possuíam.

No dia em que um escritor **não** puder mais emitir suas opiniões livremente, é o dia em que estaremos vivendo em uma autocracia. De igual, no dia em que o escritor **não** acolher críticas construtivas e relacionar democraticamente pontos de vistas plurais, convergentes e divergentes, **não** será um livre pensador e nem cultivará o espírito democrático, imprescindível ao processo de expansão das ideias ou de maior abrangência do conhecimento.

Tudo isso veio à tona, em razão de suprimirem o estudo da Filosofia, da Sociologia e da criação de obstáculos tendentes a impedir expansão do pensamento às massas. O mesmo se pode dizer em relação às obras literárias, ao acesso, à psicanálise, às psicologias e à busca de uma espiritualidade desbastarda de misticismos rasos, exteriorizações e mercantilismos.

Muitos autores infanto-juvenis foram e continuam sendo agredidos. Ao que parece, ainda **não** se sabe separar o autor de sua obra, conviver com a diversidade no mundo das ideias. Isso é coisa de puritanos, de dominadores, de fanáticos, de fundamentalistas e até de oportunistas. Esses tipos psicológicos gostam muito de linchamento. Por exemplo, há toda uma histeria ao redor do sexo e depois dizem que Freud está ultrapassado. O mesmo se faz hoje com Monteiro Lobato. Porém, isso só ocorre em razão de uma leitura rasa de suas obras. Quase nenhum pensador escapa desses atentados. Desprezam os contextos da obra e partem para o ataque. É fato que alguns autores tinham lá seus preconceitos, mas daí a destruir um autor consagrado, na totalidade de sua produção literária, é absurdo. Se for possível condenar com base em tais concepções, **não** vai sobrar ninguém. Platão e Aristóteles eram escravistas. Dante tinha passagem *islamofóbicas* no seu clássico "A *Divina Comédia*". Ezra Pound era antissemita declarado. E, se fosse certo condenar o todo pela parte ou por um simples fragmento, a lista se tornaria interminável.

Foi com essa pretensão que o imperador chinês Shi Huangdi (247 a 221 a.C.) concretizou a maior destruição de livros do mundo. O propósito era destruir toda a memória, a filosofia e a literatura em geral produzidas na China anteriormente ao referido **déspota**. Fica claro aqui que, no entanto, ninguém está isento de críticas, mas obras clássicas são infinitamente superiores as **idiossincrasias** de seus autores. Podemos sim analisar e criticar a obra de Lobato à luz de seu contexto histórico, mas sua obra é absolutamente maior do que um ou outro preconceito, sutilmente fragmentado, na amplitude e no propósito conceptual do escritor. Afinal, existe ser humano absolutamente livre de preconceito? Sua literatura visa, precipuamente, a ampliar os horizontes real e imaginário da criança. E isso ele faz de forma brilhante. Precisamos nos imunizar de tantos ranços. As crianças necessitam de espaço para seu mundo simbólico. **Não** devemos tirar-lhes a condição humana, pois podemos machucá-las, gerando inquietude, revolta, indisciplina, angústia, repressão, ansiedade. Querer controlar brincadeiras espontâneas, em nome de quaisquer ideologias ou crenças, é praticar crueldade, porque é nessa ambiência que elas vão se expressar e se projetarem no futuro.

Preocupações excessivas com minúcias, dependências de medicamentos, depressões, melancolias e inseguranças são sintomas decorrentes das ideias equivocadas de fazer do mundo um acolchoado macio, sem quaisquer desconfortos, flores sem espinhos, luzes sem sombras, conquistas sem méritos, caminhos sem obstáculos, vida sem disciplina. Crianças e jovens, nesses casos, vão acumulando um falso poder, uma arrogância e prepotência que depois o mundo vai colocar no lugar.

QUEM É O AUTOR DE "O PEQUENO PRÍNCIPE"?

A biógrafa Stacy Schott anotou que "De uma vida definitivamente realista, ele escolheu os momentos sublimes e, com muita dedicação, os colocou no papel. A obra parece compacta, no entanto é espiritualmente rica. Desperta em nós o desejo de ir além de nosso próprio alcance. Ela nos permite sonhar." Está falando de Antoine de Saint-Exupery, o francês autor de O Pequeno Príncipe, uma fábula que encantou o mundo, publicada em 1843.

No ano anterior, Saint-Exupery, oficial da força aérea, é exonerado e, no exílio, alternando entre Nova York e Long Island, escreve o opúsculo. Dedica-o a um adulto - Leon Werth, e, por isso, pede desculpas. Ao que parece, a dedicação é endereçada à criança que existe na interioridade do homenageado, "*que tem fome e frio e precisa de consolo.*"

Trata-se de um gesto, provavelmente político, contra a perseguição de judeus por Hitler, já que Werth é judeu e se encontra escondido em um vilarejo francês. Em novembro do mesmo ano, Exupery lança um manifesto, com grande repercussão, expressando o medo da barbárie nazista. Tem a alma profundamente marcada por tudo que vivenciou em uma guerra terrível. Sofreu quedas e pousos forçados.

No seu livro Piloto de Guerra, descreve a dramática situação da França e seu percurso de levante moral após a derrota, razão que levou a obra a ser assim tipificada: "Essa narrativa e as palavras de Churchil são as melhores respostas da democracia para a "Minha Luta," de Hitler."

Por outro lado, logo no início de O Pequeno Príncipe se pode compreender traços da infância de nosso escritor, seja pelos seus desenhos, seja por expressões como: "*Quando encontrava uma pessoa adulta que me parecia um pouco lúcida, eu testava com ela o meu desenho número um, que sempre mantive comigo. Queria saber se ela era realmente compreensiva. Mas a pessoa sempre me respondia: "É um chapéu".* Então *eu* **não** *lhe falava nem de jiboias, nem de florestas virgens, nem de estrelas. Eu me colocava a sua altura e lhe falava de bridge, de golfe, da política e de gravatas. E ela ficava bem contente de conhecer um homem tão sensato. Vivi então sozinho, sem ninguém com quem falar realmente.*"

Por tudo isso e muito mais, O Pequeno Príncipe é, antes de tudo, uma espécie de alter ego do autor. Mas, sem dúvida, **não** se trata de mera coletânea de narrativas. É obra universal, repleta de prosa poética, de poesia, de emoção, que ultrapassa o tempo e ensina a desvelar *segredos* da vida com sabedoria. Quanto a isso, é o próprio autor quem provoca a reflexão: "*Eu* **não** *gostaria que subestimassem meu livro. Deu muito trabalho tecer as narrativas de todas essas memórias.*" Fonte de inspiração tanto para crianças quanto para adultos, em suas dimensões mais profundas; são narrativas em uma parábola sobre infância e vida adulta, sobre algumas das mais complexas questões existenciais. Ajudam a descobrir as figurações que existem na profundidade da Alma e a lidar com elas.

POR QUE LER O PEQUENO PRÍNCIPE?

Em primeiro lugar, porque trata-se de um clássico. Clássico é o que se mantém vivo através do tempo, fonte perene de sabedoria, onde todos podem beber e inebriar-se com o prazer da leitura. Expande a consciência, promove a inteligência e impulsiona a moral. **Não** navega em águas rasas sem poder fluir. É nas camadas livres das profundezas que navega em muitas dimensões.

O Pequeno Príncipe aporta em muitas moradas do inconsciente, como fonte de inspiração **não** apenas para crianças. Em suas camadas mais profundas, essa pérola literária contém lições para infantes e adultos, melhor dizendo, para crianças de todas as idades. É uma extraordinária mostra sobre temas como: humano e inumano, amor e amizade, morte, solidão, esperança, vício, ganância e avareza, dando ênfase a três aspectos do medo: medo em relação à amizade, medo do mundo e medo do infantil. O leitor tem em mãos um breviário de esperança e amor, cujo autor inicia a obra pedindo desculpa às crianças por dedicá-la a um adulto. A par de tudo isso, **não** podemos esquecer que a infância é uma fase essencialmente lúdica da vida e que, nesse período, a festa se faz com uma história bem contada. **Não** é o momento de artifícios e sutilezas estilísticos, trocadilhos literários, nem de falas castiças da língua que, somente mais tarde, poderão fazer as delícias de um leitor maduro. Daí a importância das aquarelas do autor contidas no original.

UM INDISPENSÁVEL PEDIDO DE DESCULPAS

No pórtico do opúsculo O Pequeno Príncipe, como mencionado anteriormente, há um pedido de desculpas às crianças. Aqui, faço o mesmo por uma questão de humilde necessidade, peço desculpas tanto às crianças quanto aos adultos. Às crianças, porque **não** tive expressões suficientes para comunicar, o mais legível possível, de modo fácil e acessível, as lições de filosofia moral que este livro contém. Aos adultos, porque, na sua maioria, perderam o encanto e, por isso, nem todos são capazes de entender livros para crianças, o que é uma pena.

Na verdade, essa brochura foi escrita para todas as idades em dosagens homeopáticas de sabedoria, ou seja, trata apenas de uma releitura de O Pequeno Príncipe em nós, em convergência com saberes filosóficos, psicológicos e espiritualista. Portanto, em se tratando de mérito, todo ele é do autor da obra original. Seria eu apenas um mero coadjuvante ou razoável protagonista. Seja como for, **não** me penitencio de tê-lo dedicado à minha neta ainda no ventre materno, pois a Vida é o antes, o durante e o depois. Esforços fiz para falar a linguagem dos *anjos*, mas só sei falar a linguagem dos homens. O máximo que consegui foi acionar o aplicativo da autonavegação imaginativa, liberar a voz da experiência de quem já passou por vivências sem perder o espírito da jovialidade, o brilho no olhar e o pulsar do coração na frequência saudável e imprescindível da inquietude.

O ideal é sempre o diálogo, o respeito e a mente aberta, mesmo quando se aborda temas sensíveis. A finalidade primordial foi a de construir pontes e aflorar **insights**, sem se apropriar do pensamento do Autor, com raciocínio aberto e curiosidade aguçada, já que a minha criança interior, mercê de Deus, ainda vive e revive dentro de mim. **Não** ousei ir muito além, mesmo porque tenho consciência do meu limite. A pretensão é compartilhar e ajudar a crescer em todas as idades, propiciando sabores e reflexões para o banquete da partilha e permuta de generosas porções de sabedoria. Cada leitor(a) a seu livre gosto. Todos(as) livres para degustar e nutrir, pelo coração e pela razão, o alimento da alma, compatível com seus variáveis níveis de cognição.

ONDE DEIXEI MINHA CRIANÇA INTERIOR?

A obra O Pequeno Príncipe foi e continua sendo fonte de inspiração **não** só para crianças. Em sua profundidade, é uma parábola fecunda sobre infância e vida adulta. Agora, já idoso, volto a reler esse breviário de esperança, consolação, amor, amizade, humano, inumano, vida, morte, medo, aprendizagem.

Hoje vamos focar aqui a temática da criança interior. Quem **não** necessita encontrar seu **alter ego**, seu outro eu, o Eu Infantil reprimido, a criança dentro de si mesmo? A criança interior em nós é a essência vital de nosso ser ainda **não** maculado pela vida adulta. **Não** foi sufocada pelas aparências e uniformidades do homem social. Lembro bem da espontaneidade feliz da minha infância.

Minha criança interior era anarquista, absolutamente democrática, respirava o ar da liberdade e **não** era infectada pelo vírus da *comparação*. Minha infância era pura, simples, amiga, caridosa, inquieta, curiosa. Um deleite lúdico. Mas ela se foi como um pássaro em voo e me deixou refém da mediocridade sombria da lógica adulta. Tive que virar malabarista para **não** naufragar. Aí andei: soldado do exército, retirante nordestino, eis as duas primeiras graduações na universidade da vida. Porém, jamais esqueci a fala do Mestre: "*Se* **não** *voltardes a ser como às criancinhas,* **não** *podereis entrar no reino do céu*".

Isso significou para mim: busque a franqueza, a honestidade, a pureza e a profundidade da Alma Infantil. Desse modo, você se libertará para sua verdadeira personalidade e conhecerá as leis de seu desenvolvimento, sua singularidade, seu processo de individuação.

Viver o eu infantil, independente de ideologias e espírito de sistemas. Aprendi que, quando conseguia aproximação com minha criança interior, vivia em lealdade, feliz com o que eu era e apenas com o que eu tinha, sendo leal comigo mesmo.

Hoje eu sei que a criança interior é um foco de luz branda e serena que aponta o caminho que permite nos tornar àquilo que realmente somos nessa jornada de experimentos e progresso na luta da Vida, vivenciando trilhas pobres/ricas aventuras pelas extensas e largas avenidas existenciais. A jornada do herói no O Pequeno Príncipe é a jornada de toda criança nesse nosso mundo. A criança ama, brinca, é feliz e sofre. Ama e vive intensamente os perigos que podem danificar a infância. Quais foram os nossos perigos? Quem ameaça o pequeno planeta de nossa infância? O casamento em crise dos pais? Alcoolismo na família? Rivalidades entre irmãos? Medos ocultos? Dificuldades financeiras? Avós abandonados em asilos? Pais insensíveis? Pais ausentes? Surras? Humilhações? Clima social tenso? Quem **não** passa por tais turbulências sem uma infância difícil?

Assim como o O Pequeno Príncipe todos nós, de uma forma ou de outra, em maior ou menor grau, temos que lutar (às vezes) solitários e valentes com essas e tantas outras dificuldades. O pequeno príncipe expressa em sua fala metáforas encantadoras sobre a flor e o amor. Mas a Rosa que embevece o espírito infanto-juvenil, embora se destaque pela beleza, também tem seus espinhos.

POR QUE É PRECISO "CRIANÇAR"?

Iniciamos essa fala transcrevendo um breve diálogo que revela mais uma faceta do pequeno príncipe:

> "- Você **não** teve muito mais tempo para distração além da doçura do pôr do sol."

Respondeu a criança:

> "- Eu gosto muito do pôr do sol. Vamos ver um pôr do sol... Um dia, vi o sol se pôr 44 vezes... Sabe, quando estamos tristes, amamos ver o pôr do sol..."

Isso lembra a necessidade do homem de **não** perder o vínculo com a Natureza, tomando, como prefácio, a contemplação do crepúsculo.

Uma imersão nas cores do horizonte, com suas modulações terapêuticas, nos remete a profundas reflexões.

A Natureza é, antes de tudo, a manifestação da Vida imortal. Conhecê-la, em sua dinâmica de fluxos e refluxos, gerando energia, em todas as dimensões que lhes são inerentes, seguindo o ritmo, a harmonia e ordem de Leis Imutáveis, é conhecer a Vida. Nada disso é criação humana, cujo mérito apenas consiste em descobrir, paulatinamente, o que já existe de toda a eternidade. Nas entrelinhas do Universo, a

Natureza Divina se expressa como Inteligência Suprema e Causa Incriada na natureza humana perfectível, onde "Nada se perde, nada se cria, tudo se transforma."

A Vida, se bem entendida, é constituída de sabedoria, força e beleza, reconstruindo o que é depredado pela ignorância. Tudo, no Cosmos, tem uma razão de ser. Os frutos, ao amadurecerem, abrem-se à doação de si mesmos como ocorre com as sementes.

A humanidade, quer queira quer **não** queira, encontra-se transitoriamente na Terra, interligada ao concerto Universal, pelos processos e manifestações visíveis e invisíveis da Natureza. Tudo se comunica de forma perceptível e **não** perceptível ao olhos. Todos os **reinos**, na condição e gradação que alcançam, estão em intercâmbio complementar e solidário. Os oposto **não** são opostos, são necessários às expressões do Uno. O arcabouço humano é cópia da Terra, acoplada ao Princípio Inteligência. É Vida, vida que pulsa em toda a criação, em sintonia harmônica com vidas e vidas no contexto universal. Se ocorre dissonância, deve-se ao fato de emoções, pensamentos e modo de agir dos homens. Tudo que sofremos é resultado de causas atuais ou remotas onde danificamos sementes ou negligenciamos o nosso viver. Daí o imperativo, em causa própria, de reconciliação com o Todo, pelos fios invisíveis da Lei de Amor.

Em tudo isso, enxergamos a importância dessa jornada para desaprender e aprender a partir do olhar de uma criança. Um novo/velho olhar de sentir, com sabor de pôr de sol. Os pequeninos são mais distintos e originais que os adultos nos convidam a entrar em seu mundo como plenos participantes. Quando aceitamos esse convite, o mundo se transforma em um mundo bonito, cheio de imaginação, entusiasmo e admiração. O Espírito criança cria novas perspectivas à existência, transcendendo o jeito convencional de estar no mundo. Nietzsche refere-se a uma pessoa com o espírito de criança como uma *roda dançante*, uma *brincadeira*, uma *alegria*. Um espírito criança ignora conceitos e valores fechados como *pecado*, *vergonha*, *preconceito*, *discriminação*, *raça*, que atrofiam as pessoas e a sociedade, e os substitui por outros que afirmam e dignificam a Vida. Com efeito, é preciso abrir caminho à Natureza, abrir caminho à luz do sol, beijar flores, respirar o ar natural da liberdade e transcender. Se esse *espírito criança*, presente na maioria dos pequeninos, nos contagiar, viveremos em um pleno e eterno pôr do sol.

QUE TEM A DIZER, COMO INTRODUÇÃO À ANÁLISE DO PERFIL PSICOLÓGICO DOS PERSONAGENS ENCONTRADOS NA TRAJETÓRIA DO PEQUENO PRÍNCIPE, QUE VIRÃO A SEGUIR?

Em primeiro lugar, olhar para dentro de si mesmo, que o possibilite deparar-se com a sabedoria de uma criança endereçada aos adultos que perderam o contato com o lúdico. Bert Hellinger leciona: "A *paz começa onde cada um de nós pode ser da forma que é, onde cada um permite ao outro ser tal como é e ficar onde está.* Isso *significa, ao mesmo tempo, respeitar os limites mútuos, que ninguém ultrapasse o limite do outro, que cada um permaneça no âmbito de seus próprios limites*".

Daí o questionamento: nos nossos relacionamentos intersubjetivos, promovemo-nos mutuamente ou inibimos o desenvolvimento nosso e do outro? Se a resposta for negativa, **não** seria melhor que cada um siga seu próprio caminho? Esse afastamento **não** levará apenas e tão somente à repetição da história com outro ou outros personagens? Em primeiro lugar, é preciso entender que toda relação é marcada pela incompletude. Ninguém tem o poder de nos completar plenamente. O que nos falta verdadeiramente só pode ser realizado por nós mesmos. E isso **não** se alcança em um passe de mágica, ou através de autoridade religiosa, política etc. Trata-se de um processo, pois a Vida é devir, proatividade e mérito. A busca do que nos falta se dar **não** somente na relação, mas também no conhecimento de si mesmo. Muitos fatores se conjugam. É preciso calma, paciência, renúncia e partilha.

Em O Pequeno Príncipe, deparamo-nos com a fala de uma criança sobre a necessidade de revirarmos todos os dias o solo de nosso planeta. Uma metáfora oportuna. Vejamos a lição do principezinho:

> "*No seu planeta, havia, como em todas os outros, ervas boas e ervas más. Mas as sementes são invisíveis. Elas dormem no segredo da terra até que uma cisme de despertar. Então ela despreguiça, e lança timidamente para o sol um inofensivo galinho. Se é de roseira ou rabanete, podemos deixar que cresça à vontade. Mas quando se trata de uma planta ruim, é preciso arrancar logo, mal a tenhamos conhecido... É uma questão de disciplina. Quando a gente acaba a toalete da manhã, começa a fazer com cuidado a toalete do planeta*".

Com efeito, devemos cuidar de nós mesmos, depois das relações. Primeiro cultivamos a nós mesmos. Depois, a relação ou as relações. Somente assim, na medida do nosso possível, podemos ver o que se passa conosco no real para estarmos aptos e mais livres com a finalidade de ver o outro como outro. Logo, é no clima do cuidado, do respeito, de trocas, de aceitação, que o Amor nasce. Quanto a sua duração e expansão, vai depender de nosso cultivo, dia a dia, passo a passo, degrau a degrau, sem a menor pretensão de impor a nossa vontade ao outro, no tempo real, com a consciência dos nossos limites, deveres e disciplinas.

O QUE É A VERDADEIRA AMIZADE?

Entre as lições de O Pequeno Príncipe, deparamo-nos com uma sublime canção sobre a amizade. Os filósofos da Antiguidade deram especial atenção à amizade.

A título de exemplo, diz Aristóteles que um amigo é "*uma única Alma em dois corpos*". Cicero acrescenta: "A *amizade é nada mais do que um entendimento perfeito entre as coisas divinas e humanas, junto com o sentimento de se querer bem e amar-se mutuamente; por isso,* **não** *sei ao certo se, com exceção da sabedoria, foi dada ao homem pelos deuses, coisa melhor do que a amizade*". Na Renascença, pouco se acrescentou sobre o tema. No século XX, porém, sociólogos, psicanalistas e psicólogos começaram a investigar a amizade em suas malhas mais sutis. A amizade, a rigor, pertence ao domínio da filosofia moral. Dito isso, seguindo o caminho do principezinho, ele encontra uma raposa. Fica encantado:

"- Quem és tu? Tu és bem bonita."

Disse a raposa:

"- Sou uma raposa."

"- Vem brincar comigo." - propôs o principezinho.

A raposa o surpreende ao responder:

"- Eu **não** posso brincar contigo. **Não** me cativaram ainda."

Aqui, torna-se evidente a questão do encantamento à primeira vista. **Não** se pode simplesmente fazer de alguém amigo e dar início a um relacionamento ativo com ele. A amizade **não** navega em águas rasas, é preciso primeiro nos deixarmos *cativar*. Por isso, já advertia Aristóteles: "O *desejo de amizade nasce de repente, mas a amizade nem tanto assim*". Mas, "*Que quer dizer cativar?*", interroga o pequeno príncipe. E a raposa revela a ele o mistério da amizade:

"- É uma coisa muito esquecida - disse a raposa. - Significa "criar laços" ... Tu és ainda para mim se**não** um garoto inteiramente igual a cem mil outros garotos. E eu **não** tenho necessidade de ti. E tu **não** tens também necessidade de mim. **Não** passo a teus olhos de uma raposa igual a cem mil outras raposas. Mas, se tu me cativares, nós teremos necessidade um do outro. Serás para mim único no mundo. E eu serei para ti única no mundo...".

Com efeito, em sentido lato, a amizade nos une ao mundo. O objeto e o sentido da Vida encontram-se nas leis naturais que nos são imanentes, cuja estrutura, dinâmica e sabedoria, fundamenta-se no inter-relacionamento solidário, na intersubjetividade, na amizade. Logo, a amizade é uma fonte de amor iluminada pelas palavras da raposa:

> "- E por isso eu me aborreço um pouco. Mas se me cativares, minha vida será como que cheia de sol. Conhecerei um barulho de passos que será diferente dos outros. Os outros passos me fazem entrar debaixo da terra. O teu me chamará para fora da toca, como se fosse música. E depois, olha! Vês, lá longe, os campos de trigo? Eu **não** como pão. O trigo para mim é inútil. Os campos de trigo **não** me lembram coisa alguma. E isso é triste! Mas tu tens cabelos cor de ouro. Então, será maravilhoso quando me tiveres cativado. O trigo, que é dourado, fará lembrar-me de ti. E eu amarei o barulho do vento no trigo..."

É importante chamar atenção para o fato de a raposa pedir que a cative e explicar como nasce e perdura a amizade verdadeira.

Hoje, no entanto, já **não** se cultiva mais amigos. Prefere-se a triste ilusão de comprar amigos, mercantilizar amigos. Para desilusão de muitos, é imprescindível refletir sobre o que se deve fazer de concreto para cativar alguém. Diz a raposa:

> "- É preciso ser paciente... Tu te sentarás primeiro um pouco longe de mim, assim, na relva. Eu te olharei com o

canto dos olhos e tu **não** dirás nada. A linguagem é uma fonte de mal-entendidos. Mas, a cada dia, te tornarás mais perto...".

Sendo assim, à evidência, existem valores que **não** estão à venda. Decorrem de longo processo de desenvolvimento da confiança, pouco a pouco, silencioso, para **não** sufocar a amizade com palavras e inverdades.

O QUE REGAR? BAOBÁS OU ROSEIRAS?

O Pequeno Príncipe, usando de uma metáfora, provoca a reflexão sobre o bem e o mal ao dizer que:

> *"é preciso nos obrigar regularmente a arrancar os baobás assim que o distinguimos das roseiras, com as quais eles se parecem bastante quando são novos...* **Não** *gosto nem um pouco de assumir o tom de um moralista. Mas o perigo dos baobás é tão pouco conhecido e os riscos que corre aquele que se perder em um asteroide são tão consideráveis que, pelo menos uma vez, faço exceção à minha reserva. Digo: crianças, prestem atenção aos baobás! Foi para advertir meus amigos de um perigo que há muito tempo estava próximo deles, assim como de mim, sem saber disso, que trabalhei com afinco... A lição que eu dava valia a pena."*

A partir da antítese:

Baobás/roseiras, joio/trigo, damos início às ponderações sobre o tema. O mal **não** é apenas a ausência de um bem, mas, antes de tudo, é o que faz mal. Há o mal metafísico, físico e moral. O mal metafísico, se assim for considerado, consiste na simples imperfeição; o mal físico, no sofrimento; o mal moral, nas dores da Alma. O mal **não** é propriamente um castigo, é um corretivo no tempo e espaço, necessário à evolução. É tudo aquilo que nos impede de sermos plenamente humanos, ou nós mesmos abertos ao amor, à compaixão, acessíveis à interrelações (objetivas e intersubjetivas) com a Vida.

Na maioria das vezes, o mal é apenas o egoísmo que tem raízes nos nossos equívocos, filhos diletos de nossa ignorância, decorrentes de tentativas incorretas em busca do, aparentemente, melhor.

Nesses casos, tem função também pedagógica, operacionalizada no tribunal da consciência, promovendo ajustes e adequações educativas de reparação e redimensionamento das marcas perturbadoras e afligentes da ira, da revolta, da mágoa, da violência etc. Do ponto de vista educacional, porém, tudo isso, na dosimetria apropriada, poderá converter-se em um bem, no despertar da consciência que abrirá caminho ao autoconhecimento. O mal, sob a ótica ancestral do Ser, é herança natural dos arquivos psíquicos agressivos de vivências remotas adoecidas, mas que se ressignificam pelo bisturi da dor e da necessidade de libertação. Por tal fundamento, tanto o bem quanto o mal, no estágio existencial em que nos encontramos, **não** podem ser considerados de modo absoluto.

A proposta maniqueísta, ainda em voga, da luta sem fim entre duas potências inimigas, da luz contra a treva, do céu contra o inferno eterno, de satanás contra Deus, em que poucos elementos lograriam a plenitude, como uma fatalidade invencível, infelicita a Vida, agride a Razão, estimula o conflito e macula a ideia da Justiça Divina e de um Deus de Amor. É preciso apagar essa fogueira, cujo combustível são os próprios homens, e jamais produto da Criação.

Resta, aqui, traçar algumas notas sobre o bem. O bem, se devidamente compreendido, é a única fatalidade do Universo. O bem é tudo que é conforme as Leis de Deus vivas e pulsantes na Natureza. O bem é a Lei Suprema do Universo, a Realidade Absoluta, **não** circunscrita a limites como o oxigênio puro sem o qual a Vida esmaece.

Enfim, o bem é o Amor, a maior escola de aperfeiçoamento para a qual todas as coisas tendem. O bem está em tudo, por mais paradoxal que pareça. O bem é irrefutável. Está presente na própria luta pela Vida. Por si só basta para preencher o coração do homem e plenificar a sua racionalidade. "*Em toda ação, em toda escolha*", diz Aristóteles, "*o bem é o fim, porque é visando esse fim que se realiza o resto.*" Se as águas se agitam na superfície, na profundidade, tudo concorre para o bem. De certo, ainda é preciso que haja baobás para dar testemunho ao desabrochar das flores e a beleza das roseiras, originários, como tudo quanto existe, da mesma Fonte Existencial.

OS ESPINHOS, PARA QUE SERVEM?

Dentre os valiosos questionamentos do principezinho, deparamo-nos, mais e mais, com oportunas provocações filosóficas.

Bruscamente, sem preâmbulo, como fruto de um problema meditado por muito tempo em silêncio, perguntou:

"- Um carneiro, se ele come arbustos, come flores também?"

"- Um carneiro come tudo o que ele encontra."

"- Até as flores que têm espinhos?"

"- Sim, até as flores que têm espinhos."

"- Então os espinhos, para que servem?..."

"- Os espinhos **não** servem para nada, é pura maldade por parte das flores!"

"- **Não** acredito em você! As flores são fracas. Elas são ingênuas. Elas se defendem como podem. Elas se acham terríveis com seus espinhos... E **não** é sério buscar entcn der por que elas se dão tanto trabalho para fabricar espinhos que **não** servem para nada?"

Infere-se desse diálogo, aparentemente simplório, graves e profundas reflexões existenciais: o espinho e a flor, o bem e o mal como meios necessários à função pedagógica da Existência, a dor e o sofrimento, transformação e conservação, utilidade e inutilidade.

Preliminarmente, achamos oportuno tecer algumas considerações sobre o *espinho* como metáfora de relevante valor para uma possível e melhor compreensão da Vida. Com efeito, muito do que se conhece e muito do que se é, foram os espinhos, sem palavras articuladas, em dramas silenciosos, que insculpiram na alma humana. Despido de qualquer nuance masoquista, de autoflagelação e de sentimento de culpa, *espinho* tem aqui outra conotação, como instrumento educativo a serviço do bem. Voltando o olhar para as dores do mundo, das civilizações e raças, das ideias e dos sistemas, todas tiveram seus espinhos, espólio ancestral do acervo cultural e psicológico, nas dobras do progresso invencível. No caminhar incessante da Vida, alegrias e tristezas, encantamento e desencanto, conquistas e equívocos, que moveram antepassados e que nos movem, são prefiguração de flores e espinhos impulsionando o devir. As flores, essências da Alma atraída para as fragrâncias da iluminação. Os espinhos, advertências sutis a elucidar dúvidas e instruir o Espírito, como a dizer-lhe que a onipotência humana é bolha de sabão, flores de um dia. No Universo, porém, tudo tem a finalidade de prover meios a cada criatura para *vencer* a si mesma, sem violência nem saltos, em um processo de expansão da consciência com a afabilidade do coração e as luzes da razão.

Nessa linha de raciocínio, se os espinhos se expressam em sofrimento, também se expressam na flor, como guardiões de sua integridade, para que possa doar seus aromas sem restrições. Sob essa ótica, o sofrimento é um meio e **não** um fim. **Não** é um eterno carrasco. É o amigo que nos desperta para a necessidade de elevação, que opera nas profundezas da alma. É o mecanismo eficaz de educação moral e da sensibilidade, que já é, por si mesmo, da essência da Vida. A propósito do tema, já dizia Sidarta, o Buda, nas suas "*Quatro*

Nobres Verdades - *que o sofrimento é uma realidade e a luta em favor de sua superação deve ser a razão essencial da existência humana*".

A rigor, em suas modulações e sua equidade, o sofrimento é o buril posto à mão do aprendiz para desbastar a pedra bruta que existe em si mesmo. Desde que o operário se nega ao exercício dessa atividade, se nega também ao exercício do amor e do ideal de perfeição. E sem amor, o homem **não** passa de uma concha vazia. É com as potências do amor e da *Inteligência do amor* que abolimos a visão incorreta que temos da realidade - causa maior de nossos sofrimentos. **Não** estamos condenados a sofrer para sempre. Precisamos aceitar o sofrimento para transformá-lo, ressignificá-lo, e nunca para carregá-lo como uma cruz. Portanto, muito cuidado com os adoradores dos martírios, com o culto ao sofrimento, com o sadismo disfarçado de bondade, com os masoquistas de plantão. Sofrer **não** é adotar o *inferno* como forma de vida. É tão só o efeito transitório inerente ao estado de imperfeição e de ignorância, atenuado gradativamente pelo progresso. Se o sofrimento é intrínseco à Vida, o Amor é sua finalidade última. O espinho e a flor, no nosso estágio existencial, são bem próximos, e **não** se agridem. Quem sabe, no mesmo galho, ambos se abracem, sem qualquer explicação nem racionalização, como um vaso que acolhe a água do sofrimento e do amor, sem fugir da realidade, pelo ópio das drogas, do álcool, da codependência, da subserviência, do escravismo, das crenças absolutas.

Muito há a investigar sobretudo o quanto aqui se disse. Se lhe perguntassem sobre o espinho e a flor, o que responderia? Quanto a mim, o que fiz foi balbuciar algumas palavras, ou melhor, soletrar algumas sílabas. Fica, pois, como deve ser, em aberto a investigação.

SER OU TER, EIS A QUESTÃO?

A passagem do principezinho pelo quarto planeta, provoca, em cadeia, reflexões sobre avidez, ganância e avareza. As duas primeiras, de regra, são passos preparatórios para a culminância da última. É preciso ter cada vez mais. **Não** abrir mão de nada, nem para os outros, nem para si mesmo. **Não** desfrutar nada. É a compulsão do Ter em detrimento do Ser. É uma doença da Alma com repercussões psicossomáticas.

Em razão da ignorância, de carências e fragilidade, substitui-se o Ser pelo Ter. O viciado em ter é insaciável. Precisa pegar, agarrar as coisas e segurá-las convulsivamente. Esta repetição incessante torna o homem desventuroso, angustiado, infeliz. O homem de negócios estava tão ocupado que **não** levantou sequer a cabeça com a chegada do pequeno príncipe, que acabara de sair do planeta do Bêbado, e logo se depara com mais um depende de vício: possessão pelo trabalho de um calculista inveterado. O homem **não** desvia a atenção de suas anotações sobre lucros. A criança pergunta, insiste. O homem fica irritado. Ele está concentrado, contando "*milhões de coisinhas que se veem às vezes no Céu*". O principezinho pergunta o que ele faz com quinhentos milhões de estrelas. A resposta é:

"- Nada. Eu apenas as possuo."

Aí o pequeno viajante faz a pergunta fundamental:

"- Para que te serve ser rico?"

O pretenso proprietário das estrelas dá uma resposta sem sentido:

"- Para comprar outras estrelas, se alguém achar."

Viciado em negócios, escravo do trabalho psicopatológico, concedeu a si mesmo a ilusão de proprietário das estrelas. Vive a alucinação de poder administrá-las. As contas se recontam e nessa repetição infindável vive o delírio de grandeza até que a morte o desnude. Isso inquieta a criança que diz:

"- Com as estrelas, **não** se pode fazer nada."

O homem, porém, insiste:

"- **Não**. Mas eu posso colocá-las no banco. Isso quer dizer que eu escrevo num papelzinho o número das minhas estrelas. Depois tranco o papel a chave, numa gaveta."

O pequeno príncipe, com o propósito de evidenciar a realidade, argumenta:

"- Esse aí raciocina um pouco como o Bêbado."

A extraordinária criança está certa. O homem de negócios dessa parábola **não** é um trabalhador saudável, é um viciado em trabalho. É dependente de uma substância, de um ópio, que ele chama de trabalho, uma espécie de obsessão, vício socialmente aceito com louvor. Esse vício, no entanto, petrifica, congela, e leva, também, à falência moral e espiritual. Deprime, rouba o sentido da vida. São catastróficas as ideologias do dinheiro.

O avarento sofre a fobia do empobrecimento. **Não** confia em ninguém. Suas relações com os bens materiais são absolutamente doentias. Seus relacionamentos com o mundo atrofiam, nada além de se sentir superior aos outros. **Não** se trata mais de um Ser que é, mas de um ser que tem ou pensa que tem. Com efeito, já dizia Nietzsche (em Zaratustra): "*Quem pouco possui menos ainda é possuído*". Quando o dinheiro, meio de troca e transporte para a convivência do homem em sociedade, se transforma em ganância, doença que já entrou em metástase nos últimos tempos, passa a ser causa de muitos males. Cabe aqui relembrar que o trabalho **não** se reduz a uma atividade com a única finalidade de ganhar dinheiro. O trabalho transcende a isso. O trabalho é uma Lei Natural Universal. Tem razões existenciais no concerto da obra divina. Por isso, para o pequeno príncipe, "*as estrelas ainda são estrelas, e* ***não*** *capital especulativo*". **Não** pretendemos aqui erradicar a avidez no seu nível de expressão vital significativa e necessária. O que advogamos é que, antes de a avidez se transformar em força destrutiva, seja canalizada como fonte de energia a serviço da Vida. **Não** é, a rigor, renúncia à posse, pois é necessário à vida indispensável para o bem-viver e para fazer o bem.

Logo, toda propriedade deve ter um uso correto, uma função social. Seu uso incorreto é avaria, autodestruição, sofrimento, como ilustra o mito grego de Tântalo: "*Tântalo se encontra no mundo dos mortos, parado dentro de um córrego de águas frescas, mas assim que se abaixa para beber, a água desaparece. Por cima dele estendem-se galhos carregados de frutas saborosas, mas sempre que ele tenta pegá-las, os galhos se desviam para o alto e as frutas ficam fora de seu alcance.*" Por conseguinte, a avareza é uma das mais degradantes formas de egoísmo que, inevitavelmente, nos conduz à deprimente situação de Tântalo, em que as entranhas da Alma ficam expostas, revelando sua baixeza em face da apropriação e do monopólio do bem comum, do qual sequer o avarento pode se beneficiar.

Avaro é todo aquele que devora de maneira absoluta os cofres perecíveis. Todo avarento é um centro de forças doentias produzindo sofrimento. Daí a fala final do pequeno príncipe sobre a consciência da real utilidade dos bens:

> "- Possuo uma flor que rego todos os dias. Possuo três vulcões que revolvo toda semana. Porque revolvo também o que está extinto. A gente nunca sabe. É útil para os vulcões, e útil para minha flor que eu os possua. Mas tu **não** és útil às estrelas."

O homem de negócios abriu a boca, mas **não** achou nada a responder, e o principezinho se foi.

ESTA LIÇÃO DO PRINCIPEZINHO TAMBÉM É CONSEQUÊNCIA DA MEDIOCRIDADE?

A criança vê em maior profundidade, descortina véus, tem mais imaginação, faz leitura subliminar, penetra no invisível, ingressa no sonho, deleita-se com a vida natural. Do encantamento, faz uso para antever a beleza, com simplicidade e sabedoria. A maioria dos adultos **não** mais consegue acessar esse estado feliz, nem compreende e pouco fala de tais coisas.

No geral, impera a mediocridade, a média, mas considerada em sua insuficiência. A mediocridade é o oposto do justo meio aristotélico, a vala comum dos homens. No tocante a isso, nos fala o pequeno príncipe:

> "Os adultos amam os números. Quando você lhes fala de um novo amigo, eles nunca perguntam sobre o essencial."

Eles nunca dizem:

> "Como é o som de sua voz? Quais são os jogos que ele prefere? Ele coleciona borboletas?"

Eles lhe perguntam:

> "Quantos anos ele tem? Quantos irmãos ele tem? Quanto ele pesa? Quanto o pai dele ganha?"

Somente então eles acham que o conhecem. Se você disser aos adultos:

"Vi uma bela casa de tijolos cor-de-rosa com gerânios nas janelas e pombos no telhado..."

Eles **não** conseguem imaginar essa casa. É preciso dizer a eles: "Vi uma casa de cem mil francos".

Então eles exclamam: "Que bonita!..."

Eles são assim. **Não** precisa querer mau a eles. As crianças devem ser muito tolerantes com os adultos. Mas, claro, nós que conhecemos a vida, **não** nos importamos com números!"

Quanta lucidez na voz de uma criança e quanta insensatez e superficialidade no cotidiano dos homens! Optam pelo obsoleto, pela trivialidade, pelas aparências, pelo enfoque dos bens e valores meramente materiais! Na verdade, pelo que tem sentido estritamente transitório, embora sedutor, mas contrário ao bom senso ou à razão, de pouca importância. Isso, infelizmente, diz bastante sobre o mundo efêmero e ilusório dos adultos. A essência do ser, nessas circunstâncias, encontra-se bastante comprometida e condicionada pelo parecer ou por um falsa realidade, uma crença desejante de pessoas crédulas e cega, uma mundividência absolutamente infundada, uma figuração sem devir, um obstáculo à humanização progressiva.

AO CONTRÁRIO DA MUNDIVIDÊNCIA DO AVARENTO, COM QUE OLHOS SE DEVE VER A VIDA?

Pensadores de todas as épocas perceberam o fascínio do amor em múltiplas dimensões. Suas teorias constituem um mosaico exemplificativo e sugestivo. O Pequeno Príncipe, sem incorrer no risco de simplificação, usa de linguagem poética, sem a pretensão de agrupar doutrinas filosóficas com infinitas matizações.

De nossa parte, dialogando com todas as fontes, ousamos entender o amor como o instrumento essencial para a construção das relações entre os homens. Para o principezinho, o amor é trabalhoso, um aprendizado. Sem renovação, mudança e adaptação, desmorona como uma casa velha. Confessa que deixou sua *mulher-rosa* porque se cansara de suas censuras. Estavam cansados e inseguros por incapacidade de manter o relacionamento. A Rosa "**não** *queria que ele a visse chorar. Era uma flor muito orgulhosa*". O orgulho é a principal causa que submete o casal a sentimentos de amor e ódio, adoecendo o relacionamento. O amor é limitado no oceano de tudo que é terreno. O principezinho viveu esse drama. Percebeu que sua rosa era efêmera, ao dizer: "*e que* **não** *tem mais que quatro espinhos para defender-se do mundo! E eu a deixei sozinha!*". Percebeu, também, que o amor sofre ameaças, seja por imaturidade e fraqueza, devido a uma união que começa de forma ruim, ou por um complicado processo no desenvolvimento da relação.

Logo, o amor é algo que precisa ser aprendido. Daí, como acontece todo processo pedagógico, ocorrem perdas e ganhos. O principezinho perde a Rosa. Como ele a amava, se sente sozinho, o que é comum a todos os amantes. Chega, pois, a fase da desilusão. Compreende, finalmente, que o começo do amor são sonhos excitantes, belos, perfeitos, ideais sobre a pessoa amada. São os próprios amantes que endeusam um ao outro. Porém, trata-se de grande equívoco, uma abstração, uma montagem teatral psicológica, uma encenação, um distanciamento do mundo real. Poucos se dão conta disso. No entanto, isso tem uma razão de ser no período juvenil. Nessa fase, estimulam-se aventuras de amor para a construção de um ninho feliz. Mas, trata-se de algo transitório. O sonho deve ser um estímulo à realidade, com o parceiro ou a parceira ideal; **não** uma alienação. É no processo de transição para o real que se constrói ou **não** a base de sustentação da relação. A ilusão, a falsa expectativa, vão abaixo. De repente, descobre-se que **não** há ser humano perfeito. Ninguém é plenamente feliz morando debaixo de uma ponte e vendo os filhos na mendicância. O amor é incompatível com a miséria do outro. Hoje, o divórcio permite que malfadados casamentos **não** se transformem em pesados e injustos fardos para sempre.

Retornemos ao pequeno príncipe:

"- Bom dia." - disse ele.

Era um jardim cheio de rosas.

"– Bom dia." - disseram as rosas.

O principezinho contemplou-as.

Eram todas iguais a sua flor.

"– Quem sois?" - perguntou ele estupefato.

"- Somos rosas" - disseram as rosas.

"- Ah!" - exclamou o principezinho...

E ele sentiu-se extremamente infeliz. Sua flor havia contado que era a única flor de sua espécie em todo o universo. E eis que havia cinco mil, iguaizinhas, num só jardim! Cedo ou tarde, descobrimos a verdade: o parceiro amado é um homem normal, existem outros como ele, às vezes até com mais valores e mais atraentes. A parceira amada, igualmente, é bonita e prestativa, mas há outras mulheres talvez mais bonitas; homens e mulheres comuns. Quando jovens, **não** sabemos isso. Na primeira crise, ocorre exatamente o espanto que acometeu o pequeno príncipe:

> "- Eu me julgava rico de uma flor sem igual, é apenas uma rosa comum que eu possuo..."

E deitado na relva, ele chorou.

Isso nos leva a pensar sobre os nossos relacionamentos. Nem toda escolha é consciente. "*O intelecto, no dizer de Nietzsche, é subalterno da vontade.*"

Entretanto, existem características consistentes que indicam o fim de uma relação: indisponibilidade para o outro, falta de lealdade, dúvidas e incertezas, desconfiança, codependência, falta de respeito, decisões unilaterais, segredos, extremas diferenças em relação à visão de mundo e ao plano da vida, incompatibilidade de gênios, dificuldades financeiras e vícios aparentemente insuperáveis. Quando, ao contrário, há entre o casal um crescimento conjunto, com sentimentos, confiança, estrutura econômica, estrutura educacional, estrutura moral, envolvimento mútuo, generosidade, senso de humor, empatia e alegria de viver, independente de riqueza ou pobreza; mesmo as crises mais sérias podem ser superadas. É o que diz a raposa, de forma extraordinária, ao pequeno príncipe:

"- Eis o meu segredo. É muito simples: só se vê bem com o coração. O essencial é invisível para os olhos."

"- O essencial é invisível para os olhos" - repetiu o principezinho, a fim de se lembrar.

"- Foi o tempo que perdeste com tua rosa que fez tua rosa tão importante."

De conseguinte, a qualidade invisível do amor só é vislumbrada com o coração. Mas, atrevo-me a acrescentar que é a razão também que nos permite o difícil embate do amor em luta pela união duradoura. Coração e razão, intuição e diálogo, devidamente integrados, a meu ver, são as matérias-primas de sustentação do amor, argamassas de uma obra sempre inacabada.

"-Vai rever as rosas." - recomenda a raposa ao pequeno príncipe.

"- Tu compreenderás que a tua é a única no mundo."

Por que essa Rosa é única no mundo? **Não** é uma rosa igual a cem mil outras? Porque nenhuma outra o cativou.

O amor é uma plantinha que precisa ser regada eternamente. Quem **não** a *cativa*, torna-se apenas uma fonte vazia, incapaz de amar e de ser amado.

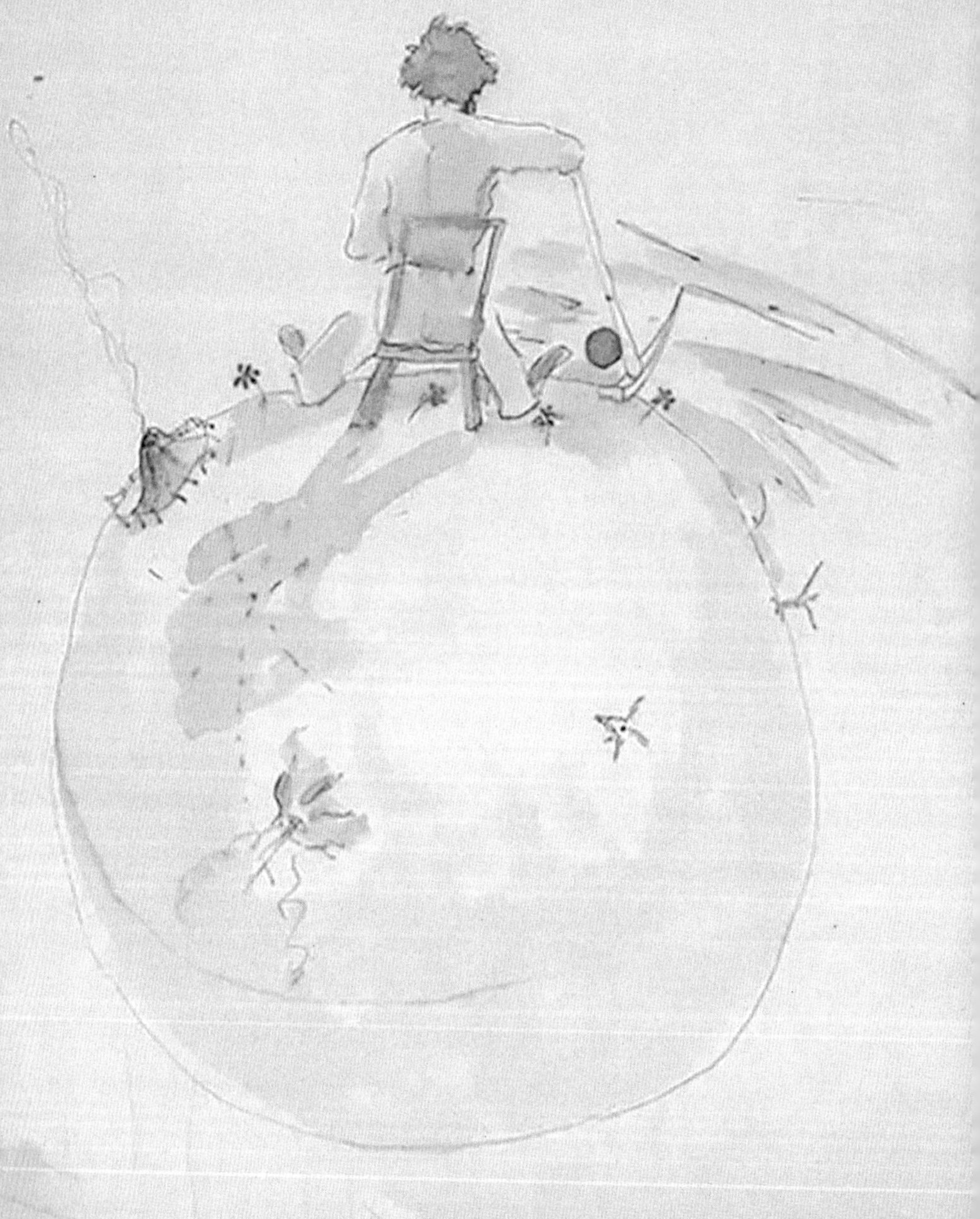

POR CONSEGUINTE, MUDAR OU ESTAGNAR? QUAL É A REGRA?

"Logo que chegou ao quinto planeta, ele cumprimentou respeitosamente o acendedor de lampiões:

"- Bom dia. Por que você acabou de apagar o seu lampião?"

"- É a regra. - respondeu o acendedor - Bom dia."

"- Qual é a regra?"

"- É apagar o meu lampião. Na noite. - E ele o acendeu de novo."

"- Mas por que você acabou de acender de novo?"

"- É a regra. - respondeu o acendedor."

"- Eu **não** entendo. - disse o pequeno príncipe."

"- **Não** tem nada para entender." - disse o acendedor - Regra é regra. Bom dia."

"E ele apagou o lampião."

"- Eu tenho uma profissão terrível. Antes era sensato. Eu apagava de manhã e acendia à noite. Eu tinha o resto do dia para descansar e o resto da noite para dormir..."

"- É, desde essa época, a regra mudou?"

"- De ano em ano o planeta roda cada vez mais rápido, e a regra **não** muda! Então, agora que ele dá uma volta por minuto, **não** tenho mais um segundo de descanso. Eu acendo e apago uma vez por minuto..."

"- Esse aí - disse o pequeno príncipe para si mesmo - É o único que **não** me parece ridículo."

Talvez seja porque ele se ocupa com alguma coisa além de si mesmo. O que **não** ousava confessar era que ele lamentava **não** ficar nesse abençoado planeta, principalmente, pelos 1.440 pores do sol a cada dia.

O texto, como toda arte poética, é polissêmico. No seu desfecho, ao que parece, o principezinho foi acometido de reminiscências do pôr do sol. Isso, no entanto, **não** exime que o personagem seja visto à luz de deficiências psicológicas, embora se trate de um *acendedor de lampiões.*

Por esse ângulo, destaca-se, de já, a rigidez, a inflexibilidade pessoal, que tanto o maltrata, no descompasso abismal entre sua estagnação servil e as mudanças naturais. Dias e noites transformaram-se, para ele, em causa de seu martírio, acionado por uma espécie de automatismo, desvinculado da consciência normal ou saudável. Uma obediência cega a normas imutáveis introjetadas, sob o império invencível de impulsos para acender e apagar os lampiões, atos contínuos, intermináveis.

Leibniz considerava cada organismo vivo "*uma espécie de máquina divina ou de autômato natural*", e a "*alma um autômato espiritual.*" Mas os homens **não** são máquinas que **não** sabem o que são. A obediência à lei que nos prescrevemos **não** pode ser um fatalismo. A vontade é autônoma quando se submete apenas a sua própria legislação, no dizer de Kant. Mas é preciso compreender que quem faz mal, a si ou a outrem, embora agindo livremente, submete-se aos efeitos daí decorrentes. Quem faz o bem submete-se, de igual, a mesma norma. A autonomia, pois, é o princípio da moral e o egoísmo o fundamento de todo mal. Logo, a autonomia, antes de tudo, deve obedecer aos deveres de se governar.

Se ocorrer acondicionamentos, internos ou externos, ou desvios de rotas, **não** significa dizer que se deu a extinção do livre-arbítrio, embora se admita determinados graus de comprometimento, caso a caso. Para Espinosa, "*é o que vive unicamente sob o comando da razão.*" Porém, essa autonomia nunca é dada. Ela está por fazer e, sempre por fazer, e por refazer. Por isso, **não** há autonomia absoluta, perfeição absoluta, em detrimento do homem, mas um processo inacabado em expansão.

Não nascemos absolutamente livres, nos tornamos. Trata-se de algo que temos, em potência, a depender de cada um de nós, em um movimento gradativamente ascendente.

Com efeito, é obsoleto pensar à condição humana como estagnação ou com perfeição. Isso nos remete à necessidade de mudança, de mover-se de lugar e de estado, de posição e de disposição. Viver é mudar, e mudar é eterno devir. Somos potência, e mudar é a potência em ato; transição de um lugar a outro, de um estado a outro, de uma grandeza a outra. Dizer que tudo passa, que nada permanece, é constatar a impermanência de tudo. Mas somente o que muda é o que permanece.

Quando se fala de mudança, está se falando, na verdade, de continuação. Mudança supõe identidade, duração, manutenção no Ser daquilo mesmo que se transforma. Se tudo muda no Cosmos é porque o cosmos continua a existir. Sendo assim, é preciso mudar para durar, conquanto que evolua. Faz lembrar Heráclito: tudo muda, tudo flui, nada permanece, salvo o universal devir.

Que tudo muda é lei eterna, mas *Essa Lei* que tudo governa, das entranhas da Natureza à imensidão do infinito, é imutável, **não** está sujeita às oscilações nem aos humores dos homens, e Essa Lei é Deus.

Por fim, as reminiscências do pequeno príncipe, lembrando das experiências sensoriais e afetivas, volto a enfatizar seus eternos pores de sol, lembranças vindas de muito longe, mas tão presentes, fazendo-nos ver que o gênio **não** é uma tábula rasa e que somente o coração é capaz de acolher o sofrimento de um simples acendedor de lampiões, sem julgamento, nem cobranças, independente de sua real situação.

TENDO EM CONTA A COMPLEXIDADE DOS PERFIS PSICOLÓGICOS VISTO ATÉ AQUI, QUEM ESCAPA TOTALMENTE DO NARCISISMO?

Convém escutar, de início, o principezinho:

> "Os vaidosos só ouvem os elogios."

> "- Você me admira muito mesmo? - perguntou ao pequeno príncipe."

"- O que significa "admirar"?"

"- "Admirar" significa "reconhecer que eu sou o homem mais bonito, o mais bem-vestido, o mais rico e ou mais inteligente do planeta."

"- Mas você é o único no seu planeta!"

"- Faça essa gentileza. Admire-me mesmo assim!"

"- Eu o admiro - disse o pequeno príncipe, levantando um pouco os ombros - mas no que isso pode lhe interessar?"

Do nosso ponto de vista, nem toda vaidade é patológica. A vaidade existe em diferentes graus. Há uma vaidade natural, saudável, sem ostentação. Há uma vaidade exacerbada, adoecida, causada por deficiências morais, culturais e carências, que exigem psicoterapias especializadas no estudo do psiquismo e das doenças da alma. Ninguém escapa totalmente da vaidade. Abrimos, assim, espaço para reflexão.

A propósito, a primeira coisa que vem à mente é o pensamento do Eclesiastes: "*Vaidade das vaidades, tudo é vaidade*", ou seja, que tudo é ilusório, fugaz, que nada vale a pena de ser vivido nem desejado. Será que isso é verdade? **Não** há uma opinião absoluta. Montaigne consagrou essa noção de vaidade, mas **não** tirou daí nenhuma lição **niilista**. É que ele amava a vida, enquanto, ao que parece, Eclesiastes a detestava. Um fala da vaidade da sabedoria como um nada, outro, de uma sabedoria da vaidade.

Em determinado sentido, a vaidade é uma forma absolutamente ridícula de amor-próprio. É ser *cheio* de si, enganado ao julgar-se ser o que **não** é, uma admiração infundada de si mesmo que se pretende incutir nos outros. Mas o fato é que, como diz Pascal: "A *vaidade está tão ancorada no coração do homem que um soldado, um lacaio, um cozinheiro, um carregador se gabam e querem ter seus admiradores.*"

De conseguinte, observa-se que há uma vaidade no sentido existencial, e outra no sentido psicológico ou moral, que, em muitos casos, precisa ser curada, como uma vela precisa ser consumida para aclarar nossa própria escuridão.

Importante anotar que Narciso, personagem da mitologia, é referência base para a conceituação de uma das mais dolorosas patologias humanas: "*a de amar a si a ponto de se odiar e provocar a própria destruição.*" Conta-se que, um dia, para saciar a sede, Narciso se debruça sobre a água de uma fonte e, ao ver seu rosto, de encantadora beleza, começa a desejar a si mesmo insaciavelmente. Acometido de tamanho egocentrismo, definha e comete o autocídio, transformando-se em uma flor tóxica. Amantes de perversões passaram a descrever essa imagem como forma de tomar sua própria pessoa como objeto sexual, nulificando a alteridade. Mais adiante, Freud apropria-se desses casos, comprovando que grande quantidade de pacientes são acometidos de tais patologias sem que, necessariamente, derivem de recalques infantis ou sexuais. Nessas circunstâncias, o paciente **não** é mais um referencial de Édipo, cercado de sentimento de culpa por desejar a mãe, nem um Hamlet, atormentado pelas sombras do pai, mas um Narciso, um **não** desejante, um homem vazio, cuja única pretensão é se matar por **não** suportar a contemplação de si mesmo.

No mundo contemporâneo, essa doença toma proporção alarmante, como fenômenos individuais e coletivos, por força de tudo que os sistemas sugam, atrofiando a interioridade humana e a substituindo por acúmulos de objetos de prazeres meramente exteriores, consumistas e transitórios, sucessivos e insaciáveis.

Podemos tomar a palavra vaidade em muitas significações e gradações. Destacamos, ao final, apenas breves apontamentos, por serem os mais comuns; o do que é vão, instável, e aquilo que é exagerado, além do limite, com o propósito de atrair, a qualquer custo, a admiração e as homenagens dos outros, valendo-se, para tanto, de nossa própria miséria, cavando, em nós mesmos, a nossa cova mortuária, em uma busca alienada por meros e insignificantes aplausos. **Não** permitamos, pois, que a vaidade se transforme em nosso próprio carrasco, em nossa própria guilhotina, mas, na medida do possível, em mecanismo de verdadeira modéstia e estímulo à evolução.

CONSEQUENTEMENTE, QUAL O LIMITE DA VAIDADE?

O segundo planeta visitado pelo principezinho é habitado pelo Vaidoso. Para os vaidosos, todos os homens são sempre seus admiradores. O Vaidoso usa um *chapéu engraçado*. **Não** com a finalidade de se proteger da chuva, do sol. Mas exclusivamente para um ato gestual e superficial de se deleitar com o elogio. O Vaidoso vive em função de aplauso e à caça de admiradores.

Pergunta-lhe o principezinho, sem compreender aquela neurose:

"- O que significa admirar?"

Segue-se a resposta:

"- Admirar significa reconhecer que eu sou o homem mais belo, mais rico, mais inteligente e mais bem-visto de todo o planeta."

Responde o pequeno príncipe:

"- Mas tu és sozinho em teu planeta!"

Insiste o Vaidoso:

"- Dá-me esse gosto. Admira-me mesmo assim!"

Questiona o interlocutor:

"- Como pode isso interessar-te?"

Cá entre nós, quando somos dominados pela vaidade, por que damos tanta importância à admiração dos outros? Significa que dependemos ainda da aprovação alheia para nos mantermos de pé? **Não** entra aqui uma carência inevitável, uma fragilidade infecciosa em nós mesmos?

O Vaidoso, narcotizado por elogios e aplausos, intenta compensar seu ego frágil que teme que venha a se revelar. Daí a espalhafatosa encenação e a ridícula exaltação de si mesmo. No dizer de Nietzsche, "A *vaidade é a tendência de se mostrar como indivíduo quando, na verdade* **não** *se é*". Seu lema é: eu sou porque me admiram.

De regra, o Vaidoso exacerbado é um tipo histérico. Um narcisista. Por trás da sua estrondosa ostentação e aparições, oculta-se um ser debilitado pela baixa autoestima. O caráter vaidoso, todavia, nem sempre é negativo. Na verdade, uma certa dose de vaidade pode ser positiva, converter-se em estímulo, motivação e empenho. Sem um mínimo de vaidade nos tornamos deficitários. A vaidade criativa estimula o progresso individual e coletivo. É preciso, no entanto, estabelecer limites. Por que temos que ser sempre o centro das atenções? **Não** sobrevivemos sem aplausos? O único poder e glória é a convergência de todas as atenções exclusivamente para nós? Sim, eu sei, nós gostaríamos de estar no lugar do outro. Porém, se fosse possível enxergar a vida, os problemas e a interioridade desse outro, poderíamos nos compadecer diante de tamanha histeria. A ganância pelo poder, como a avareza, leva ao desprezo do verdadeiro eu. Todo endeusamento humano é um delírio e tem consequências danosas.

O Vaidoso de O Pequeno Príncipe é do tipo patológico, vive para afirmar sua identidade e, ao mesmo tempo, o temor de perder essa identidade. Refiramos, em síntese, sobre a personalidade narcisista. Sentimentos exagerados de autoimportância. Necessidade excessiva de admiração, vitimismo, arrogância; tendência a desvalorização dos outros para alimentar sensações de superioridade. Precisam de louvação. Busca infinita de poder. A palavra narcisismo vem do grego *nark*, que significa torpor. Entorpecido, só ama a si próprio. A neurose narcísica é expressão usada por Freud para descrever uma "*doença mental caracterizada pela retirada da libido do mundo externo e seu direcionamento para o ego*". Essa situação é angustiante, ausência de condição para lidar com contrariedades. Críticas, nesse caso, são sempre ofensivas.

Entendo que há muitas causas que provocam o surgimento das doenças da Alma, como orgulho, egoísmo, desejo de vingança, ressentimentos, mágoas, avareza, dentre outras. Portanto, a sede de poder, o egocentrismo, a autoidolatria, passam a suprimir o amor. Nessas circunstâncias, predomina-se imagens fixas, meras aparências, em detrimento da realidade, que afetam o Espírito, o Eu profundo ou *Self*. A rigor, o indivíduo esquece sua verdadeira essência e fica totalmente identificado com a *persona*, a máscara ou as máscaras com as quais passa a manter relações com o mundo. Trata-se de um ser imaturo. Sua vida passa a ser alucinada e sua persona reveladora da secura pelo poder, ou pela supremacia absoluta que, progressivamente, leva ao vazio existencial.

O fato é, queiramos ou **não**, que **não** podemos dizer que a dramaturgia do Vaidoso nada tem a ver conosco. Que se trata somente de patologia rara.

Que dizer da sede de consumo da sociedade contemporânea? **Não** se trata de uma vaidade consumista obsessiva? **Não** representamos, vez por outra, alguns papéis nas nossas relações? Temos realmente coragem de mostrar nossas fraquezas, imperfeições, vulnerabilidades? Podemos ser mesmo absolutamente transparentes?

Foi rápida a estada do pequeno príncipe junto ao Vaidoso, mas quantos questionamentos, quantas dúvidas, inquietações, provocações e desafios ele nos traz?

ISSO NOS CONVIDA A REFLETIR SOBRE A CONTROVÉRSIA, RAZÃO E EMOÇÃO. QUAL CAMINHO SEGUIR?

No percurso da descoberta de O Pequeno Príncipe, chegamos ao sexto planeta. Seu habitante é um ser imponente, "*um velho que escrevia livros enormes*", um geógrafo, um sisudo cientista. Indagado sobre as belezas naturais de seu planeta, ele revela-se ignorante e rude. Com o orgulho professoral dos cientistas arrogantes, responde:

> "- Como hei de saber? **Não** é o geógrafo que vai contar as cidades, os rios, as montanhas, os mares, os oceanos, os desertos. O geógrafo é muito importante para estar passeando. **Não** deixa um instante a escrivaninha."

Como se vê, trata-se de um cientista ortodoxo que só fala em provas, seja qual for o objeto de estudo; de um acadêmico subserviente ao método delimitado de sua investigação, um homem servil e estagnado, compartimentado. Enfim, um *especialista*. Isso faz lembrar Nietzsche que dizia: "*Todo especialista tem sua corcunda*".

O Geógrafo quis saber sobre o planeta do principezinho, resultando no seguinte diálogo:

> "- Ok! Onde eu moro - disse o principezinho - **não** é interessante: é muito pequeno. Eu tenho três vulcões. Dois vulcões em atividade e um extinto. A gente nunca sabe..."

"- A gente nunca sabe - repetiu o Geógrafo. "- Tenho também uma flor."

"- Mas nós **não** anotamos as flores - disse o Geógrafo".

"- Por que **não**? É o mais bonito!"

"- Porque as flores são efêmeras."

A rigor, o olhar do Geógrafo é frio, congela o mundo, a dinâmica da vida interior. É um mecanicista no reino exclusivo da matéria. Considera-se senhor e mestre da Natureza que analisa insensivelmente como se fosse uma máquina. Sua visão de mundo é rigorosamente racionalista e mecanicista. Disseca cadáveres e **não** encontra a alma, o princípio vital inteligente. Esse é o *modus operandi* da ciência oficial. Se o corpo humano é uma máquina, deve ser compreendido e também reparado como uma. Com isso, vai perdendo o ser humano de vista, ocupando-se apenas e tão somente de um componente existencial.

Daí decorre a perda da integralidade, da espiritualidade e, consequentemente, da responsabilidade. O encontro entre o pequeno príncipe e o Geógrafo simboliza o encontro entre a criança pura e a ciência sem alma, que ignora a *lógica* do coração. **Não** se pense, sequer suponha, que aqui advoga o fim da ciência. Ao revés, é urgente a necessidade de integração entre a fé e a razão. É imperativo que ciência e religião andem sempre juntas.

Do quanto compreendo, porém, a ciência tem duas faces. Uma voltada ao observador e outra fora de sua vista e domínio, invisível aos olhos, cujos efeitos são evidentes. Uma sem a outra é manca, trata os humanos de maneira fria, impiedosa e mercadológica. Os dois lados, às vezes, tornam-se antagônicos, conflituosos, estagnados, em razão das limitações morais de seus seguidores. Isso porque ainda habitam, na interioridade do homem, o autoritarismo, o egocentrismo, os vícios, a insensibilidade, a insensatez, a neurose compulsiva, calculista e frio, como acontece também com alguns homens da ciência e com religiosos sem religiosidade.

Por ignorância e egoísmo, ainda **não** se compreendeu que **não** importa o que trazem em si, mas o uso e a destinação que fazem disso.

Não faz tanto tempo que tínhamos de um lado o homem espiritual e de outro, como antítese, o homem animal. Antropologias materialistas versos antropologias espiritualistas, ciência e religião em conflito. Agora, já **não** se pode mais explicar tudo na rede animal do sensório. Abre-se, inapelavelmente, ao extra sensório, de mesmo modo que o Universo físico foi superado pela nova concepção de Universo energético. A visão de vanguarda **não** comporta mais reducionismos, sejam materialistas, sejam espiritualistas, mas a conjugação dos dois *Princípios* ao mesmo tempo: psique e soma, espírito e matéria. A alma já **não** é mais uma concepção moralmente teológica, nem uma mera abstração, passou a sobreviver à morte física, suscetível de investigação científica.

O dualismo absoluto cartesiano mecanicista **não** se sustenta em face das novas conquistas da física quântica e da neurociência. É preciso, pois, devolver ao homem o sentido espiritual da Vida, da poesia, da beleza, da sabedoria da escuta e os meios de interação com a Natureza. Quem encaixotou a paz? Basta de conflitos! Onde ficaram os poetas, os músicos, observadores de estrelas e a criança que viveu um dia em nós?

O que se deve buscar é um equilíbrio entre razão e emoção. Toda rigidez e toda radicalidade **não** é bom caminho. O desejável é, com base no limite de cada um, encontrar a melhor dosimetria.

SABENDO DISSO, QUAL A IMPORTÂNCIA DO DISCERNIMENTO?

O discernimento é o caminho mais seguro para o acerto. A educação, a formação moral e intelectual, confere bastante capacidade e discernimento, no sentido de alcançarmos o maior bem possível.

Para o embasamento maior do discernimento, precisamos educar a razão e o sentimento. Pela Razão, o homem capacita-se ao exercício do poder e da liberdade, naturalmente com a disciplina dos deveres e da responsabilidade. A razão é um instrumental seguro que possibilita uma maior e melhor expressão do livre-arbítrio.

É uma faculdade superior que nos permite o esclarecimento progressivo de todas as coisas.

Nos últimos tempos, a razão vem sendo compreendida, como leciona **Ortega Y Gasset**, como "*uma razão vital, que impulsiona na vida,* **não** *se submetendo a razão pura e abstrata, mas à que atinge o nível concreto das coisas e dos fatos, tornando-se razão histórica.*"

Com efeito, a razão, bem conduzida, possibilita o progresso e a capacidade de compreender, de discernir, de escolher, de agir, como condição essencial à vida, à consciência. Porém, **não** deve transforma-se em carrasco feroz a exercitar um controle devastador sobre o coração. Esse aparente paradoxo foi objeto de estudos de muitos pensadores.

A posição majoritária daqueles que se debruçaram sobre o tema é a de que a razão sem o sentimento é fria, intransigente, radical, como se a vida pudesse ser aprisionada em uma equação matemática. **Não** resta dúvida de que a razão é o sustentáculo imprescindível, mas, de certo modo, só o sentimento cria e edifica. Pascal há muito já advertia que o homem **não** passa de um caniço pensante. Na verdade, a razão humana ainda é muito frágil e **não** pode dispensar a força colaborativa do coração e da fé que a iluminam.

Para contextualizá-las na fala de O Pequeno Príncipe, segue o seguinte diálogo:

"- Bom dia - disse o principezinho."

"- Bom dia - disse o vendedor."

Era um vendedor de pílulas aperfeiçoadas que aplacavam a sede.

"- Toma-se uma por semana e **não** é mais preciso beber."

"- Por que vendes isso? - perguntou o principezinho."

"- É uma grande economia de tempo - disse o vendedor - os peritos calcularam. A gente ganha cinquenta e três minutos por semana."

A vida é um grande desafio. Uma conquista, uma interminável aprendizagem, um propósito, um ideal, sem os quais **não** seria possível o enfrentamento das dificuldades e dos problemas inerentes à condição existencial do planeta. Para tanto, é imprescindível cultivar a sensatez e o discernimento.

Sendo assim, as primeiras e indispensáveis lições para viver bem é aprender a pensar com clareza a respeito de si mesmo, dos seus relacionamentos e das escolhas com os outros e com o mundo. Isso tem uma relevância prioritária, fundamental.

Às vezes, vale como o que há de melhor na psicologia contemporânea o processo de discernimento contido na antiga oração da serenidade que fortalece, elucida e ilumina a consciência: "*Concedei-me serenidade para* ACEITAR *as coisas que* **não** *posso mudar, coragem para* MUDAR *o que posso e sabedoria para* RECONHECER *a diferença.*"

Com efeito, algumas coisas estão sob nosso controle e outras **não**. Somente depois de compreender, aceitar, discernir, fazer a distinção entre o que podemos e **não** podemos controlar, é que agimos com sabedoria, paz interior, acerto e eficácia. Sob nosso controle está aquilo que **não** depende dos outros, que depende de nossa influência direta; quando é nossa, e somente nossa, a possibilidade de determinação e escolha, na medida do acerto possível que vai se modificando de acordo com o progresso de cada um. Fora de nosso controle está a maneira como somos vistos pelos outros. Tratase, a grosso modo, de coisas externas que, à evidência, **não** dependem de nós. Logo, **não** é racional gerar expectativa com relação a isso. Tentar controlar ou mudar o que **não** podemos só resulta em frustração, aflição, angústia, decepção. Por que nos submeteríamos a expectativas tão frágeis, sujeitas a dependência ou determinadas pelos caprichos ou ações das sandices dos outros? Nesse caso, é rigorosamente certo ter sempre em mente que aquilo que pertence aos outros é problema deles, e **não** nosso.

Na verdade, o que realmente importa é o tipo de pessoa que nós somos e em que nos transformamos e o tipo de vida que escolhemos viver. Discernir, pois, implica aguçar a percepção e encarar a vida com progressão de etapas que, pouco a pouco, nos conduz e aproxima de nossos mais caros ideais. Discernir é viver em plena lucidez, e isso é muito importante para uma vida real e a felicidade possível.

ENTÃO, VALE A PENA A LUTA ALIENADA PELA ONIPOTÊNCIA?

Para lançar-se nessa desventura, vem à mente o seguinte diálogo:

"- Ah! Veja, um súdito! - exclamou o rei quando percebeu o pequeno príncipe."

"- Como ele pode me reconhecer se nunca me viu? - perguntou o principezinho."

Ele **não** sabia que, para os reis, o mundo é muito simplificado. Todos os homens são súditos.

"- Aproxime-se, é uma ordem - disse o rei."

O rei fazia questão absoluta de que sua autoridade fosse respeitada. Ele **não** tolerava a desobediência. Era um monarca absoluto.

"- Eu ordeno que você se sente - O pequeno príncipe se espantou. O planeta era minúsculo. Sobre o que o rei poderia reinar?"

"- Majestade - disse-lhe -, peço licença para lhe perguntar..."

"- Eu ordeno que me pergunte - o rei apressou-se em dizer."

"- Majestade... sobre o que reina?"

"– Sobre tudo - respondeu o rei, com muita simplicidade."

"– Sobre tudo? - com um gesto discreto, o rei designou seu planeta, os outros planetas e as estrelas."

"- Sobre tudo isso? - disse o pequeno príncipe."

"- Sobre tudo isso... - respondeu o rei."

"- E as estrelas te obedecem?"

"- É claro - disse o rei."

Pois **não** somente era um monarca absoluto, mas um monarca universal. Tal poder maravilhou o pequeno príncipe. Então se atreveu a pedir uma graça ao rei:

"- Eu gostaria de ver o pôr do sol... Faça-me a gentileza... Ordene ao sol que se ponha..."

"- Se eu ordenar a um general que voe de uma flor a outra, como uma borboleta... ou que se transforme em um pássaro marítimo, e se o general **não** executar a ordem recebida, quem estará errado, ele ou eu?"

"- Será de vossa majestade. - o pequeno príncipe disse com firmeza."

"- Exato. É preciso exigir de cada um aquilo que cada um pode dar - retomou o rei. - A autoridade reside primeiramente sobre a razão. Se você ordenar o seu povo que se jogue no mar, ele fará uma revolução. Tenho o direito de exigir obediência, pois minhas ordens são sensatas... - Você terá seu pôr do sol. Eu exigirei. Mas, na ciência de meu governo, esperarei que as condições sejam favoráveis... - **Não** vá e o nomearei ministro!"

"- Ministro de quê?"

"- Da justiça!"

"- Mas **não** há ninguém para julgar!"

"- Então você julgará a si mesmo - respondeu o rei - É o mais difícil, é bem mais difícil julgar a si mesmo que aos outros. Se conseguir julgar a si mesmo, então você é um verdadeiro sábio."

"- Eu - disse o principezinho - posso julgar a mim mesmo em qualquer lugar. **Não** preciso morar aqui."

"- Eu o nomeio meu embaixador - o rei apressou-se logo em gritar. Ele tinha um grande ar de autoridade."

"- Os adultos são bem estranhos - disse o pequeno príncipe para si mesmo..."

E foi embora.

O texto remete, logo de início, às controvérsias em torno do poder absoluto, pretensão equivocada de alguns homens. Um labirinto de ambição e ganância sem fim. Por absoluto, caracteriza-se tudo o que é completo, total, sem restrições ou reservas. Definitivamente, **não** é o caso dos homens, incompletos, imperfeitos, relativos, perfectíveis. Governante algum tem poder absoluto, saber absoluto, visão absoluta, domínio absoluto. Se deixam enganar por essa concepção, indivíduos acometidos de cegueira política, decorrente da sua relatividade, da sua ignorância, da sua vaidade, do seu orgulho e do seu egoísmo. O absolutismo é um abuso, a começar por um abuso de linguagem. É o cárcere dos que extrapolam seus limites, suas restrições.

A condição humana, para os espíritos lúcidos, **não** condiz com o Absoluto, que é aquilo que existe independentemente de qualquer condição, que existe de forma autônoma. O Absoluto só pode ser a causa de si, o que existe por si, aquilo de que tudo depende e que **não** depende de nada.

O rei visto aqui, embora faça concessão, em algum momento, à supremacia das leis naturais, é um *déspota*. Pouco reconhece que o poder dos homens é restrito e transitório. Se esse poder é potência o é apenas em sentido estrito, a depender de outrem e das circunstâncias. **Não** é potência universal **não** causal, fonte primeira, mas apenas fragmento capaz de se aperfeiçoar sem nunca se igualar e suplantar a Potência de todas as potências.

O existir é eminentemente dialético, o que nos remete à questão da política, em sentido lato, como lei natural de sociedade, em sentido estrito como instância da política partidária. Tudo quanto existe tem uma atração gregária. O homem é gregário. Logo, um animal político. Nasceu para viver em sociedade. Tudo que diz respeito à Vida, é política. Os homens, no entanto, estabelecem relações de força e de poder conflituosos, instituindo um estado de guerra com ou sem derramamento de sangue, e deu a isso o nome de política. Desse modo, a Lei de Sociedade, que implica em necessidade de convivência grupal, de modo solidário, para o bem geral, é desconsiderada em sua finalidade de mútuo progresso, em descaminhos gerados por sistemas artificiais partidários ideológicos de dominação, de submissão e servidão.

Aí nasce a politicagem, conduzindo os homens às paixões doentias, mais pelos desejos cegos e insaciáveis do que pela razão, e, por isso, eles se tornam inimigos uns dos outros. A verdadeira política, ao contrário, é servir para criar convergências de interesses, para que a paz, a justiça e a liberdade possam ser construídas e compartilhadas. Sem isso, toda *política* é manca e todo poder, arbitrário.

Nos dias atuais, ainda há resquícios contaminados de vivências danosas para a conquista e a manutenção do poder. Mas, ninguém, de consciência sã, pode negar os malefícios de regimes políticos em que os governos são exercidos por castas, pela supremacia de poderes hereditários, eclesiásticos, econômicos, ideológicos, ou de doutrinas segundo as quais toda e qualquer autoridade humana se julgue investida por Deus. Essas "políticas" da insensatez, incompatíveis com o Estado laico, é causa de paranoias e de muitas perturbações, de atitudes fundamentalistas e de outros transtornos da personalidade, gerados pela sede de poder e de vingança. O poder, em mãos imaturas, em muitas circunstâncias, torna-se instrumento de perversão, fonte de discórdias, de falta de proporção desagregadoras dos relacionamentos humanos saudáveis.

Nesse plano, a rigor, ilusões delirantes produzem demasiados sofrimentos, e o aparecimento de fantasias em areia movediça ou em solo pantanoso coberto por águas revoltas, aparentemente tranquilas apenas na superfície.

No entanto, quando o Ser supera as barreiras da imaturidade e do egoísmo, esses desarranjos da pretensão de onipotência humana, da ganância, da arrogância, da dominação, da luta do poder pelo poder, os interesses mesquinhos são superados, permitindo que todos cresçam em solidariedade e expandam suas capacidades realizadoras, fomentando o bem-estar geral. A partir daí, se verá que toda a Existência, em sua manifestação nas Individualidades, traz a pulsão do bem, ainda que embrionária ou adormecida, onde se encontra a matriz da vida em sociedade. Entretanto, para lidar de forma saudável nas relações interpessoais, seja qual for a posição em que se encontre nas instâncias de poder, torna-se imprescindível a liberação do egoísmo para que se possa preencher o vazio da alma que aspira alcançar a finalidade superior do prazer.

NA PERCEPÇÃO DA ONIPOTÊNCIA, TODO "HOMEM DE NEGÓCIOS" É OBCECADO?

Obcecado foi a imagem que me veio à mente ao refletir sobre o diálogo do pequeno príncipe com o homem de negócios:

> "- Três mais dois dá cinco. Cinco mais sete, doze. Doze mais três, quinze...Quinze mais sete, vinte e dois. Vinte e dois mais seis, vinte e oito. Vinte e seis mais cinco, trinta e um. Ufa! Isso dá, portanto, quinhentos e um milhões, seiscentos e vinte e dois mil, seiscentos e trinta e um..."

> "- Quinhentos milhões de quê? - repetiu o pequeno príncipe."

O homem de negócios levantou a cabeça:

"- **Não** tenho tempo para pensar. Eu sou sério. Milhões dessas pequenas coisas que vemos às vezes no céu."

"- Moscas?"

"- **Não**, pequenas coisas que brilham."

"- Abelhas?"

"- **Não**, pequenas coisas douradas que fazem sonhar os preguiçosos. Mas eu sou sério! **Não** tenho tempo de devanear."

"- Ah! Estrelas?"

"- É isso mesmo. Estrelas."

"- E o que você faz com quinhentos milhões de estrelas?"

"- O que faço com elas? Nada. Eu as possuo."

"- E para que lhe serve possuir as estrelas?"

"- Isso me serve para ser rico."

"- E para que serve ser rico?"

"- Para comprar outras estrelas, se alguém encontrar."

"- E o que você faz com elas?"

"- Eu as administro. Eu conto e reconto. É difícil. Mas sou um homem muito sério."

"- Se eu possuo um lenço, posso colocá-lo em volta do meu pescoço e levá-lo comigo. Se eu possuo uma flor, posso colher minha flor e levá-la comigo. Mas você **não** pode colher as estrelas!"

"- **Não**, mas eu posso colocá-las no banco."

"- O que isso quer dizer?"

"- Isso quer dizer que eu escrevo num papelzinho o número das minhas estrelas. E depois eu tranco à chave esse papel numa gaveta."

"- E isso é tudo?"

"- É o suficiente!"

"- É engraçado. É bem poético. Mas **não** é muito sério."

O principezinho tinha sobre as coisas sérias ideias muito diferentes das ideias dos adultos.

Obcecado, por quê? Por falta de discernimento, de perda da razão, por ideia fixa, obstinação equivocada, por evidente ignorância, incompreensão, provocando um delírio compulsivo de acumulação e avareza. É fato que a incompreensão é da condição humana em processo evolutivo. Mas, quando demanda para situações insensatas, faz pouso, ainda que transitório, em instâncias irreais, nas quais a criatura, em fuga, intenta suprir carências, esconder a face e maquiar o caráter e as aspirações legítimas, em desfavor de si mesmo e de outrem.

Nessas circunstâncias, o homem de negócios encontra no egoísmo o recurso de fuga das proposições da Vida, com desvios de rotas psicológicas, à revelia do conjunto gregário imprescindível à sobrevivência. Perde o ritmo, a serenidade, com preocupações exageradas de bem parecer e de ganância insaciável, fechado aos relacionamentos interpessoais, mascarando para se sobrepor. Daí a insatisfação infindável, supondo que tudo está completo no alojamento de seu foco reduzido, desconsiderando infinitas possibilidades. Entregue a tal *fatalismo*, produz saturação, esgotamento, ansiedade adoecida, desmotivação para outras opções da Vida. Incapacitado para entender, em causa própria, que a posse, necessariamente, tem função social de progresso, resiste no exclusivismo em incompreendido movimento de decadência. Em vez de compartilhar, com equidade e justiça, os bens que armazena, torna-os inúteis.

O prazer, no caso, adoece pelo apego demasiado sem qualquer possibilidade de desfrute. As garras psíquicas aprisionam as posses pela obstinação de acúmulos insuperáveis, enquanto a felicidade é corroída pela compulsão débil de apenas e tão somente possuir. Com a vontade comprometida, deformada, debilitada, perde, assim, a disciplina mental a exigir variados recursos de acolhimento e auxílio, reativando a autoestima, a paciência, a autoconfiança, as quais possibilitam uma resignação e outro direcionamento de rota.

Quando se aceita a própria realidade e se autodetermina, a pessoa adoecida, em tais contextos, mobiliza a vontade, como força motriz do Eu profundo, direcionando-a às manifestações do comportamento e mobilizando fatores essenciais para a mudança: desejo real de querer, determinação e persistência rumo ao propósito e execução programado, e meta bem definida do que se propõe alcançar.

Não se pode esquecer que se trata, de igual, de um trabalho de demolição. Os escombros do "obcecado" precisam ser removidos, sendo que ele próprio é o responsável por esse trabalho. À evidência, na maioria dos casos, é indispensável o concurso de psicoterapias especializadas, às vezes, de forma dinâmica e integrativa da religiosidade profunda, em casos pontuais do manejo psiquiátrico, dando suporte a algo que se expressa além do *ego*, cuja pretensão é sobrepor-se, egoisticamente, a tudo e a todos. Para tanto, é condição essencial mobilizar e redimensionar as forças internas com finalidade de conduzir e realizar as aspirações saudáveis.

QUANDO O HOMEM ULTRAPASSA OS SEUS LIMITES, TORNA-SE NECESSARIAMENTE NEURÓTICO?

O Pequeno Príncipe nos fascina. Cada um de nós, de certo modo, se oculta nele, o que nos permite enxergar nossas próprias sombras, a complexidade da vida e das relações humanas.

O Principezinho é a Criança que desperta a nossa criança adormecida. Dito isso, vamos visitar, com ele, o quinto planeta, um diminuto planeta, que mal cabe um lampião de rua e o acendedor de lampiões. De logo, o Visitante estranhou a anormalidade da situação:

"- **Não** podia atinar para que pudessem servir, no céu, num planeta sem casa e sem gente, um lampião e um acendedor de lampiões".

Por isso, pergunta ao acendedor de lampiões porque ele acabou de apagar o lampião. A resposta foi rápida:

"- É o regulamento apagar o lampião".

Imediatamente volta a acender o lampião. O Visitante indaga:

"- Por que acabas de o acender de novo?"

"- É o regulamento - responde o autômato que **não** compreende a essência da compulsão para apagar e acender continuamente o lampião."

"- **Não** é para compreender, regulamento é regulamento. - argumenta aquele homem."

Porém, resolve revelar seu deplorável segredo:

"- Eu executo uma tarefa terrível. Antigamente era razoável. Apagava de manhã e acendia à noite. Tinha o resto do dia para descansar e o resto da noite para dormir...O planeta de ano em ano gira mais depressa, o regulamento

não muda!... Agora que ele dá uma volta por minuto, **não** tenho mais um segundo de repouso. Acendo e apago uma vez por minuto!"

Quanto é atual esse tipo de neurose. A humanidade adoeceu. Robotizou! O principezinho - querendo ajudar - recorre a uma sábia lição:

"- Teu planeta é tão pequeno, que podes, com três passos, dar-lhe a volta. Basta andares lentamente, bem lentamente, de modo que ficarás sempre ao sol. Quando quiseres descansar, caminharás... e o dia durará quanto quiseres".

Porém, o neurótico Acendedor contesta:

"- Isso **não** adianta muito. O que eu mais gosto na vida é de dormir".

Comenta o principezinho:

"- Então **não** há remédio."

Ao que o neurótico concorda:

"- **Não** há remédio".

Interessante: o acendedor de lampiões é um homem dedicado.

Segue o regulamento voluntariamente, subjugado cegamente. Com efeito, compromete a própria racionalidade. É um fazedor compulsivo. Diante disso, o pequeno príncipe reflete e diz a si mesmo: “Era o único que eu poderia ter feito meu amigo. Mas seu planeta é mesmo pequeno demais. **Não** há lugar para dois...”. Reflitamos! Esse homem, como muitos de nós, está acorrentado nos porões de uma escravidão voluntária, ao “Regulamento”. Qual é o seu Regulamento rígido, imutável, absoluto? Ainda há espaço para as relações saudáveis com os outros e com o mundo? A masmorra domiciliar em que nos encontramos hoje **não** resulta de nossa própria imprevidência e alienação? O Acendedor de Lampiões e sua história, sua mundividência neurótica, revela, ao que me parece, em graus diferentes, a neurose de todos nós: compulsão, avidez, ansiedade, avareza, depressão, síndromes, fobias, ausência de espiritualidade, fraternidade, empatia. Enfim, amor! Como ele e também nós usufruiríamos do sabor dos nossos planetas se soubéssemos aproveitá-los? Afinal, quem criou e impôs o tal “Regulamento” para obstinados; inquestionável, perversão de equivocada lealdade ao dever? Qual o sentido do ser e do fazer?

É imprescindível compreender que somos vítimas e algozes, ao mesmo tempo, de nós mesmos, de uma neurose individual e coletiva, interna e externa. Na insensatez do trabalho sem sentido, perdemos o alento terapêutico da vida, do sol da poesia da Natureza, e nos enlameamos no fosso das nossas lamentações e da indevida e insensata transferência das nossas responsabilidades aos outros, em um círculo vicioso de insanas atitudes. Você permanece sozinho em seu minúsculo planetinha? Para o acendedor de lampiões, “**Não** há remédio”.

E nós queremos, como ele, permanecer em estado de torpor, sem querer sair do marasmo psicodinâmico? **Não** há mesmo remédio? Ou há remédio, e nós preferimos permanecer inertes, sem empreender qualquer mudança e questionamentos? O nosso homem, como o acendedor de lampiões, está viajando na direção errada! Nada prejudica mais o ser humano de que crenças, regulamentos destrutivos e ultrapassados.

A Vida é Cósmica. Se a fraternidade **não** for Universal, nunca será fraternidade. Digo isso porque já **não** me deixo dominar por opiniões particulares que dividem a nossa Casa Planetária Comum em guetos partidários, divisionistas; por ideologias, sistemas fechados, simplificações grosseiras, fanatismo político, moral, igrejeiros; pelo simples fato de que **não** encontro o meu "eu" verdadeiro professando crendices, alimentando balelas, acendendo chamas da vaidade para o conflito de egos. Nunca a humanidade necessitou tanto descer do falso trem da vida. Nunca foi tão atual o velho aforismo terapêutico: "O neurótico prefere a infelicidade conhecida à felicidade desconhecida". Existem várias formas de manifestações da neurose. Sua vasta abrangência é do âmbito de especialistas. Mas como se pode extrair da literatura grande aprendizado! Vimos aqui a neurose compulsiva que revela a existência de impulso desmedido para um automatismo excessivo.

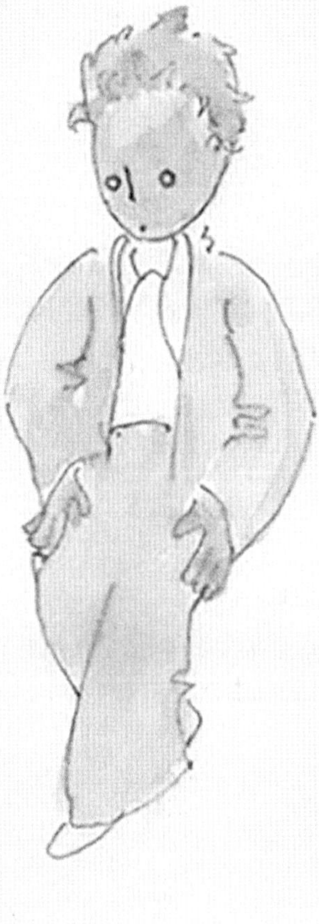

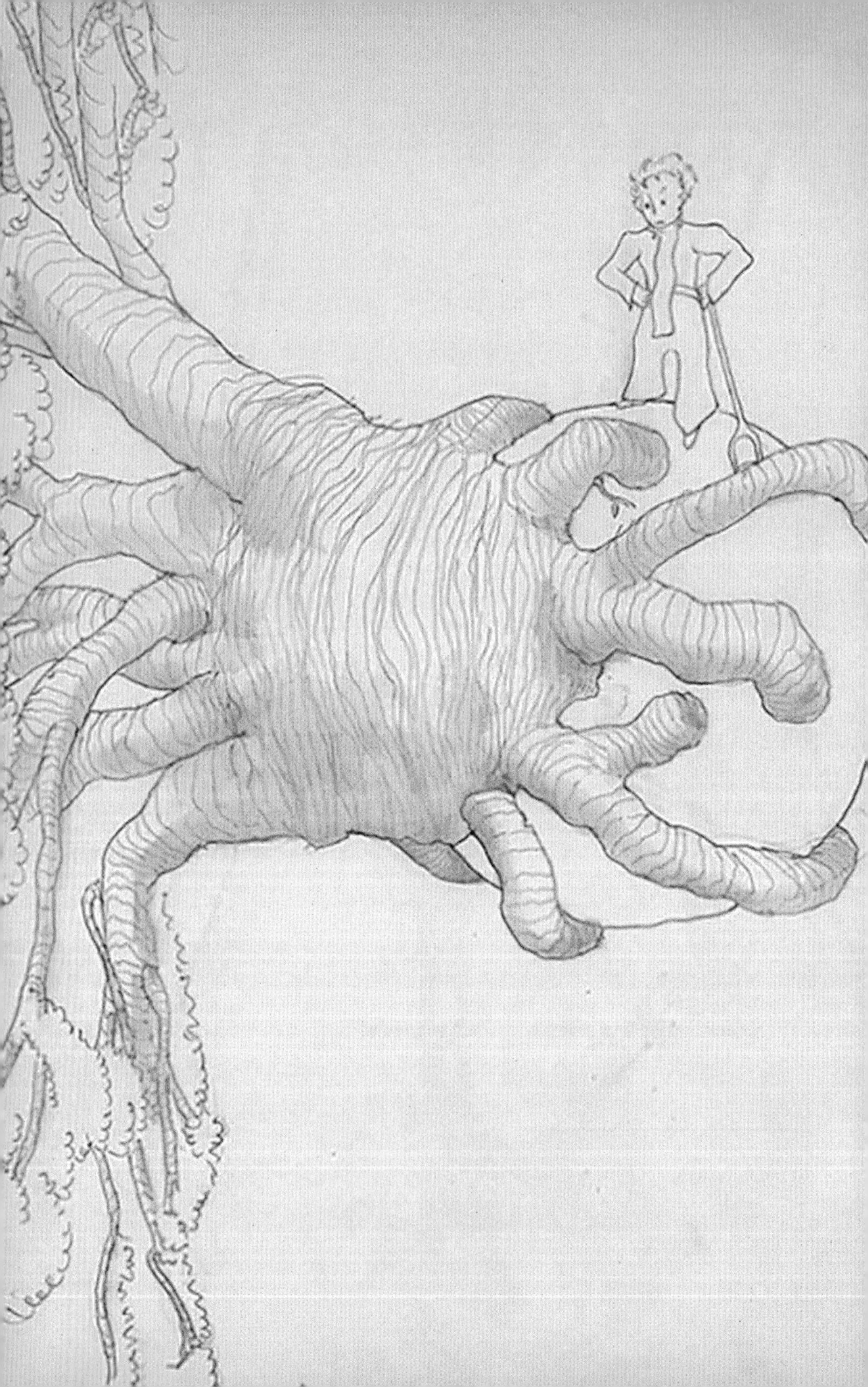

TODO SER HUMANO PRECISA DE AJUDA? COMO E QUANDO AJUDAR?

Prosseguimos aqui com a jornada de descobertas a partir do personagem pequeno príncipe. Hoje o tema vem do menor capítulo do livreto que trata do encontro com o Bêbado.

O problema do alcoolismo é um dos mais graves no nosso planeta. Em psicoterapias especializadas, a maior incidência são reclames de mulheres que buscam ajuda para o vício dos maridos. Os alcoólatras, no entanto, **não** se ajudam, banalizam o drama, minimizam os problemas, usando de argumentos equivocados, justificativas inconsistentes, dentre essas a de que a mulher é fria, desanimada, boba. O álcool tem sido uma das causas mais graves do término dos relacionamentos conjugais, aliado a falta de diálogo respeitoso e sincero. A rigor, o álcool está entre os gravames mais degradantes dos problemas gerados pelos vícios. Uma a cada duas mortes no trânsito deve-se à ingestão de álcool. O alcoolismo, a meu ver, **não** é um defeito de nascença. A predisposição para beber é um hábito mental, decorre muito mais de uma questão cultural e de uma dimensão social. Ninguém quer beber sozinho. Todos iniciam na companhia de alguém. Os afins se atraem. São os chamados companheiros de progressiva desventura.

A cada dia, maior dependência, maior sofrimento ao casal, aos filhos, à família. Alcoólicos Anônimos tipificam o alcoolismo como doença: evitar o primeiro gole. Mas, ninguém melhor de que Saint-Exupery para sintetizar o tema. Eis o diálogo desolado do pequeno príncipe:

"- Que fazes aí?" - perguntou ao bêbado, silenciosamente instalado diante de uma coleção de garrafas vazias e uma coleção de garrafas cheias.

"- Eu bebo." - respondeu o beberrão.

"- Por que é que bebes?" - perguntou-lhe o principezinho.

"- Para esquecer." - respondeu o beberrão.

"- Esquecer o quê?" - indagou o principezinho, já que começava a sentir pena.

"- Esquecer que eu tenho vergonha." - confessou o bêbado, baixando a cabeça.

"- Vergonha de quê?" - investigou o principezinho, que desejava socorrê-lo.

"- Vergonha de beber!" - concluiu o beberrão, encerrando-se definitivamente no seu silêncio.

Eis aí uma das causas e raízes de todo processo de dependência: **não** se libertar das algemas da culpa, da vergonha, da revolta, da mágoa, do ressentimento, da baixa autoestima, da ingratidão, da vingança e de outras doenças da alma. Muitos estimulam e sustentam o vício, que mantém uma relação mercantil entre o produtor da substância, o traficante e o consumidor com infeliz propensão ao uso. Todo vício decorre de distúrbios psicológicos, morais e espirituais. O uso imoderado e contínuo de substâncias alienantes decorre da falsa compreensão de que todos os problemas serão equacionados. Mas, passada a euforia e o delírio, os conflitos emergem, já que estavam apenas entorpecidos, ligeiramente escondidos nas camadas do mundo interior. Afinal, trata-se de um ser humano cúmplice do vício. Um doente. Na condição de dependente, **não** se faz capaz ou **não** quer encarar a realidade. Nesse caso, o problema **não** é só a continência, mas também o homem que **não** quer mudar, reconhecer a si mesmo, seu verdadeiro eu a que deixou de amar.

Com efeito, é preciso tratar do vício material e do vício psicológico, conflitos, egoísmo, disputas, sede de poder, fuga da realidade. Tudo em excesso pode gerar vício, até a religião. Os humanos (todos nós) estamos sujeitos a nos tornar dependentes quando **não** resistimos à atratividade de uma substância ou quando **não** conseguimos conhecer a nós mesmos; quando **não** aceitamos mudar condutas no que se refere a tudo que nos é prejudicial. Sendo assim, é imprescindível empreender um processo de desmonte de frustrações, fantasias, orgulho, arrogância, e, humildemente, buscar ajuda. Antes de concluir, há a necessidade de se dizer algo sobre a codependência. Codependência é o envolvimento doentio no sistema (amplo e irrestrito) do dependente. Chegando-se a esse estado psicopatológico pergunta-se: é falta de amor deixar de fortalecer os vínculos doentios que sustentam e asseguram a manutenção do viciado e do vício? É justo participar da encenação, forjar desculpas, alimentar o vitimismo em favor do dependente? Quem procede está colaborando para que o viciado permaneça na deplorável condição em que se encontra, perpetuando a fuga de si mesmo, **não** está ajudando.

Ajudar, nesses casos, é faltar com a verdadeira caridade. O correto, sem a menor dúvida, é acionar a "ajuda pela **não** ajuda", em consonância com a fala de Joanna de Ángelis, contida em sua obra Contribuições para Análise dos Transtornos Mentais: "**Não** *existe motivo para compaixão, pois representa um comportamento injustificável que resulta da identificação com a própria fragilidade, uma atitude cômoda diante dos desafios morais, visto que trabalha pela continuação da dependência dos outros*". Cada um de nós é o artífice de seu próprio destino. **Não** podemos e nem devemos aumentar a dor do viciado, nem, tampouco, subtraí-lo de sua própria responsabilidade, individual e coletiva.

PODERIA RESUMIR, DANDO ÊNFASE AOS PRINCIPAIS TIPOS PSICOLÓGICOS ENCONTRADOS NESTA OBRA?

Há um tempo em que a Onipotência humana deixa os homens nus. Isso é muito visível no momento atual, mas data de tempos imemoriais. Sumariando e tomando como exemplo os títulos psicológicos encontrados no livro O Pequeno Príncipe, em conjunto com os saberes e ilustrados no livreto clássico Discurso da Servidão Voluntária, muito lidos e pouco estudados, proponho as reflexões que adiante se seguem.

Sócrates dizia que só é rei aquele que domina as próprias paixões. Atrevo-me a ampliar esse pensamento dizendo que **não** é bom rei aquele que **não** tem autoridade moral. É esse e outros personagens que se encontram presentes em nosso cotidiano, e que são postos à evidência nos livros aqui referidos.

O pequeno príncipe fez uma viagem por muitos planetas. Neles se deparou com habitantes muito singulares. Que tais personagens teriam a ver com cada um de nós? Trata-se apenas de seres estranhos? Ou representam, no dizer de Jung, caracteres sombrios da personalidade humana? Precisamos compreender que os "tipos" encontrados pelo pequeno príncipe devem ser vistos objetivamente e subjetivamente. Com esse olhar, esbarro neles todos os dias, esbarramos neles aqui na Terra. Muitos, sob o aspecto subjetivo, estão dentro de cada um de nós. Outros, convivem externamente comigo. Nessas duas dimensões, consciente ou inconscientemente, somos o Rei autoritário; o Vaidoso que só ouve elogios; o Bêbado envergonhado; o Homem de negócios com coração de pedra; o neurótico e super zeloso Acendedor de Lampiões e o Geógrafo que **não** sai da escrivaninha.

Com vistas do pequeno príncipe, com mais lucidez e perspicácia, já podemos ser guiados por veredas e instâncias de nossas próprias almas a partir das almas de todo aqueles que nos cercam.

No primeiro asteroide vive um rei que reivindica para si todo o espaço. Para ele, todos os seus súditos são inferiores. Um egocêntrico soberano. Porém, desnudado, por trás de suas magníficas vestes, o que se encontraria era um corpo esquelético, uma mente vazia, um mísero desprezível. Sem vestes nobres, sem títulos honoríficos, fica reduzido a quase nada.

Esse monarca, em sede de psicologia analítica, representa o arquétipo negativo do rei, a apropriação do poder e a falsa autoridade. O autoritarismo. O absolutismo. O patriarcalismo.

Às vezes, lembremo-nos disso, assumimos nós esse papel de dominação e encarnamos esses personagens.

Em tempos de crises, tornam-se inevitáveis esses questionamentos: Onde está agora o Rei para dizimar a peste; ordenar o pôr do sol; evitar a mortalidade; governar o universo? Enlouqueceu?

Quando crianças, desenvolvemos em cada um de nós "visões" de mundo e de indivíduos, crenças absurdas quanto a suposta infalibilidade humana. Uma boa visão é a de que, com o meu trabalho, contribuirei para o bem da sociedade. Uma visão deformada ou malformada é a de que provarei a todos que sou o maior do mundo, custe o que custar. Nesse caso, o rei tirano passa a ser o dramaturgo de nossa alma. Homem algum é infalível. Homem nenhum é Onipotente. O homem que **não** admite contradições e **não** tolera opiniões, **não** é um homem. É uma pedra. Falta-lhe autocrítica, diálogo, e amor ao próximo. Tem ódio às diferenças, à pluralidade, à diversidade. O que devemos fazer quando nos deparamos com esse tipo de gente autoritária no lar, no trabalho, na família, na escola, nas igrejas, no espaço público, no Estado? Será que seguimos o exemplo do pequeno príncipe, que balança a cabeça e se afasta tranquilamente desses seres e segue adiante, ou nos tornamos eternos prisioneiros?

Há uma doença da Alma chamada codependência, terrível relação dialética entre dominador e dominado, autor e vítima. É preciso erradicar esse vírus, compreendendo que o dominador só existe porque existe o dominado ou os dominados. Quanto mais forem os dominados, mais o dominador os escraviza.

Como profilaxia, devemos controlar o dominador tirano dentro de nós mesmos e resistir, dar um basta, a quem tenta nos dominar, impondo-nos algemas psicológicas. Para isso, devemos antes nos livrar das correntes com as quais nos prendemos, por medo, inexperiência, falta de reflexão, desconhecimento, escolhas equivocadas, insensatez. É essencial ao existir a superação de menoridade da qual somos nós mesmos os maiores responsáveis. Ter a coragem e a determinação de se servir da própria inteligência. O Autoritarismo, como o vírus, é danoso, esteja ele escondido em nós ou sobre nós. Pode resultar em morte ou, no mínimo, em ameaça à Vida.

Muito aprendemos e temos a aprender a partir dos caracteres psicológicos encontrados nesses personagens. Aqui, encerra-se as abordagens específicas a cada um deles. Prosseguimos na releitura da obra, agora com maior ênfase às questões metafísicas.

O QUE SÃO CRISES E PARA QUE SERVEM?

A imagem do elefantinho engolido pela jiboia sugere reflexões sobre nossos medos. Qual o medo maior? O do abandono? Da infelicidade? Das perdas? Da morte? Da velhice? Da doença? Dá decrepitude? Da senilidade? Seja como for, o medo necessário ou patológico existem. O primeiro, como parte integrante da condição existencial. O segundo, como consequências dos estados de crises da incompletude e da imperfeição humana.

Ao que parece, é o que sobressai da leitura de O Pequeno Príncipe: uma aterrissagem forçada no deserto, uma situação de crise, uma situação arriscada. Na história, isso é dramático, como diz o próprio Piloto: "Era para mim, questão de vida ou de morte. Só dava para oito dias a água que eu tinha." A mensagem subliminar da trama, porém, é que todos são capazes de voar. Mas, é imprescindível escalar as encostas dos vales cotidianos, expandir a consciência, desenvolver o senso crítico, superar obstáculos, ampliar os horizontes, ter propósitos e metas definidos, desenvolver inteligências múltiplas, lutar por ideias, promover e expandir a consciência moral, alçar voos nos limites das possibilidades reais em expansão contínua. Nesses embates, ocorrem equívocos, altos e baixos, abalos, crises. No entanto, tudo é necessário. É a lei da Vida. Essa pulsão é a força motriz do desenvolvimento e da evolução. As crises são, de regra, meios indispensáveis ao fortalecimento e à formação humana, o buril do autoconhecimento. A nossa própria impotência diante da realidade imediata nos dá a noção de incompletude e de perfectibilidade. Daí decorrem mudanças sem as quais **não** passaríamos de eternos parasitas. Viver é mudar. É viver a Vida, ao invés de tentar aprisioná-la. Sem tal entendimento, **não** é possível a adequação às circunstâncias daquilo que permeia tudo de forma constante e sutil da condição existencial. Enquanto houver ignorância, haverá crise e de nada adianta a exasperação. Acolher o sofrimento, sem abdicar da proatividade, é o único modo de sair dos ressentimentos e das projeções doentias. A questão **não** é suprimir as crises com pensamentos mágicos, é saber interpretar as situações, e sentir empatia pela realidade simbólica das transições que nos incomodam. Nas crises, temos oportunidades valiosíssimas e inéditas. Somos chamados a pensar sozinhos.

O Pequeno Príncipe é uma história de crise e de libertação humana. Algo que acontece sempre a partir de dentro. O deserto desolador **não** oferece amparo algum, mas possibilita o encontro do homem consigo mesmo. Ali, **não** se pode fugir de si mesmo. Os grandes avatares da Humanidade passaram por seus árduos e necessário desertos. Jesus, Buda, e tantos outros foram tentados pelo lado sombrio de suas personalidades, e projetaram luzes sobre as sombras. A Vida está permanentemente em construção, e as crises são instrumentos que integram e auxiliam no percurso.

Importa destacar que cada um de nós somos nosso próprio arquiteto, o grande responsável pela edificação de si mesmo. Isso significa que sigamos o espaço infinito na imensidão da liberdade com responsabilidade. Nossos projetos vão se mostrando durante a construção de como a Vida vai se elucidando no ato de caminhar. Em dados momentos, agitamo-nos com a escassez de ar, parece faltar oxigênio, e volvemos ao terreno pedregoso de nossas inquietações no solo da existência. É nesses instantes que devemos buscar a presença serena e lúdica de nossa criança interior, que habita o Universo de nossos corações, do nosso Eu profundo. Então, deixamos de lado o adulto inquieto, inconformado, ambicioso, para que nossa criança interior se manifeste livre e feliz, entabulando o diálogo interior que nos dá coragem e fortalece para retorna às origens. Alcançada essa dimensão da consciência, finalmente compreenderemos que **não** existe crises com finalidade de nos perturbar, de nos destruir, de nos fazer mal. As crises, por si mesmas, têm a função primordial e pedagógica de nos depurar, educar, purificar, como faz o oleiro, com suas próprias mãos, da argamassa grosseira, uma a obra polida e cativante.

DIANTE DESSA REALIDADE, O QUE TEMER?

Existem medos e medos. Em O Pequeno Príncipe, deparamo-nos com reflexões sobre o medo existencial inerente à condição humana, aquilo que se contrapõe como ameaça ao estado paradisíaco, principalmente na infância. Chama-nos a atenção o episódio da cobra gigante, uma jiboia, que se mostra indiferente ao engolir um pequeno elefante. Poucos talvez entendam que o Pequeno narrador queria ali chamar a atenção para uma necessidade da Alma, ou seja, afirmar que o medo é inevitável e que ninguém está isento disso.

No curso da vida, a "criança interior" é reprimida, amordaçada, por pressões, condicionamentos e mordaças. Isso é o que chamamos de morte em vida, ou de deformação da personalidade que, mais cedo ou mais tarde, vai cobrar um resgate ou um reajuste. Os adultos nem sempre se dão conta do protagonismo que assumem nesse processo. Os medos **não** são os mesmos e nascem de muitas fontes.

Quando bem canalizados, são prudentes, equilibrados, defensivos, capazes de auxiliar o discernimento ético, apropriado à identificação máxima do perigo real em dadas circunstâncias, absolutamente necessários. Todavia, sob o foco embaçado de abstração ilusórias, patológicas, nas sombras de projeções conflitivas, convertem-se em inimigos mórbidos em fuga da lógica e da razão. Nesses contextos, são desencadeadas crises morais e psicofísicas, aflorando condutas e comportamentos doentios.

No campo moral, ocorrem desarticulações da sensibilidade, causando compreensões distorcidas, irracionais, podendo afetar a natureza somática. Com as estruturas morais fragilizadas, afloram sofrimentos psíquicos, fixações de pensamentos e ideias, causando danos aos painéis mentais, dando causa a variados transtornos. Raiva, ódio, ressentimentos, desejo de vingança, egoísmo, levam ao equívoco de agredir por mera suposição de estar sendo vitimado. O retorno, o caminho de volta, exige tratamento especializado e, em muitos casos, bastante demorado, já que as forças adoecidas que acometem o Ser precisam ser identificadas em suas raízes psicogênicas, em meio a fatores que permaneceram na infância ou na adolescência, nos entraves de crenças e de educação castradora, na formação repressora da personalidade, nas ameaças reais ou veladas, na paternidade ou na maternidade negligente ou violenta, nos medos reais ou imaginárias, no pavor patológico da morte, e como resquícios de determinadas situações que **não** foram bem digeridas. Destaque-se aqui que o medo da morte resulta do natural instinto de conservação, que opera em favor da manutenção da vida. Pode, no entanto, transformar-se em algo tenebroso, incutido por crenças e dogmas terrificantes, penas eternas, perda irreversível de entes queridos, desintegração da vida no nada; o que produz consequências perturbadoras, angustiantes, desesperadoras.

Desse modo, de tudo que abordamos até aqui, existe o medo do que se ignora e se mostra como fantasmas cruéis e destruidores, que a tradição nos legou em forma de mitos, lendas, artigos de fé, cultura retrógrada, acondicionados no inconsciente. Esses são os piores inimigos alojados nas cidadelas da alma, gerando insegurança, alucinações e outros males; medos antinaturais, produzidos pela *ignorância*, os quais podem e devem ser ressignificados.

Tudo isso contribuindo para a desarmonia e o desequilíbrio, dificultando o processo educativo, mais inclusivo e abrangente, no sentido de que a Vida contém em si mesma o germe da morte, como Lei Universal, consequente da própria essência existencial, na qual se entrelaçam, em contínua e progressiva relação, espírito e matéria, erradicando medos infundados, sem desconsiderar os medos necessários que cumprem imprescindível mecanismo inerente às Leis Naturais de Conservação, destruição e renovação, absolutamente interconectadas, em sua dinâmica dialética de complementariedade e progressão, num ciclo contínuo e perpétuo.

REALIDADE OU ILUSÃO? QUAIS OS NÍVEIS DE COGNIÇÃO?

Nos passos do pequeno príncipe, somos convidados a refletir sobre o tempo e a solidão. Ainda **não** se despertou para as sucessivas camadas que nos introjetaram. Por isso, nossa percepção endureceu. Resgatar o oculto, raspar revestimentos, desaprender exige tempo, determinação e paciência.

Dormitam em nossa essência poetas mortos, paisagistas, articulistas, vozes da infância, sublimes melodias, acalantos, sons da natureza, sussurros, lágrimas, sorrisos e o espanto misterioso do observador de estrelas. O principezinho perguntou ao Geógrafo que local agora deveria visitar. Respondeu-lhe este:

> "O planeta Terra goza de grande reputação. Uma bola azul no Cosmos, encantadora. A Terra **não** é um planeta

qualquer! Contam-se lá cento e onze reis (**não** esquecendo, é claro, os reis negros), sete mil geógrafos, novecentos mil negociantes, sete milhões e meio de beberrões, trezentos e onze milhões de vaidosos-isto é, cerca de dois bilhões de pessoas grandes, um verdadeiro exército de quatrocentos e sessenta e dois mil quinhentos e onze acendedores de lampiões."

Ao chegar à Terra, o principezinho aterriza em continente africano, no deserto do Saara. O curioso foi encontrar, como primeiro ser vivo, uma serpente, com a qual aprende duas grandes lições. Perguntou o principezinho:

"- Onde estão os homens? A gente está um pouco só no deserto"

A serpente respondeu:

"- Entre os homens, também"

O fato é que, às vezes, as pessoas são o pior deserto. A solidão também pode ser a dois e na multidão. Há uma modalidade de solidão, por faltar o sentido de plenificacão que as coisas exteriores **não** podem proporcionar, sem nos deixar num vazio. Resulta da necessidade objetiva de presenças, de seguranças e de posses, de dominação e de poder. Ocorre quando se perde a dignidade, quando se vive apenas para si mesmo.

Nesse caso, a vida, em qualquer lugar, será um estéril e doloroso deserto para o homem. A seguir, a serpente aborda a questão da finitude e da morte humana. Em razão disso, o principezinho subestima aquele ser rastejante, ao dizer:

"- Tu **não** és tão poderosa assim... **não** tens sequer patas... **não** podes sequer viajar..."

A serpente reage ao afirmar:

"- Eu posso levar-te mais longe que um navio... aquele que eu toco, eu o devolvo à terra de onde veio...tenho pena de ti, tão fraco, nesta terra de granito. Posso ajudar-te um dia, se tiveres muita saudade de teu planeta."

Daqui se depreende a ideia da morte sob outro prisma. A morte como libertação. Do ponto de vista mitológico do Antigo Testamento, em estado paradisíaco, a serpente representa a tentação carnal do diabo. Aqui, **não**. A serpente representa um vislumbre de esperança, modificando a antiga concepção de ameaça e medo do inferno e das penas eternas.

Em um encontro a seguir, o principezinho se depara com a figura de um Guarda-Chaves. Em apertada síntese, eis o diálogo que ocorreu:

"- Que fazes aqui?" - perguntou-lhe o principezinho.

"- Eu divido os passageiros em blocos de mil - disse o guarda-chaves – Despacho os trens que os carregam, ora para a direita, ora para a esquerda."

"- Eles estão com muita pressa" - disse o principezinho.

"- O que é que estão procurando?"

"- Nem o homem da locomotiva sabe" - disse o guarda-chaves.

"- Já estão de volta?" - perguntou o principezinho.

"- **Não** são os mesmos" - disse o guarda-chaves.

"- **Não** estavam contentes onde estavam?"

"- Nunca estamos contentes onde estamos" - disse o guarda-chaves.

"- Só as crianças sabem o que procuram" - disse o principezinho.

"- Perdem tempo com uma boneca de pano. - São felizes..." - disse o guarda-chaves.

Infere-se do diálogo que só a pureza da criança sabe lidar com o tempo.

Compartilhamos hoje um modo de sofrimento que **não** reconhecemos mais como sofrimento, porque é maquiado como diversão. Na verdade, trata-se de um automatismo falacioso e sem sabor. É a prevalência do tempo mecânico sobre o tempo ritmado, cadenciado, da condição natural humana. As medições mecânicas aceleraram o tempo, que perdeu a naturalidade e a inocência. A dimensão da criatividade e a degustação lúdica virou "pecado mortal". Implantou-se a aceleração do lucro do tempo, o que, ao revés, constitui perda. Pânico, ansiedade, pressa, inquietação, desassossego, nos condicionam a agarrar o tempo. Uma insanidade, uma ameaça psicológica. Somos obrigados a romper nossos vínculos com o mundo mineral, vegetal, animal, hominal e angelical.

Ao mesmo tempo, cultivamos (consciente ou inconscientemente) a ilusão de que o mundo **não** existirá sem nós. Passou da hora de reconsiderarmos valores e crenças e voltarmos a "perder tempo" com boneca de pano, com bola de pano, com caixas de papelão, com barquinhos de papel.

DIANTE DISTO, QUAL O MELHOR JEITO DE VIVER NO MUNDO?

Aqui, lembro da canção que diz: "Ai meu Deus que bom seria ser criança outra vez". Fernando Pessoa recita: "*A criança que fui chora na estrada. Deixei-a ali quando vim ser quem sou; mas, hoje, vendo que o que sou é nada, quero ir buscar quem fui onde ficou*". Em nós existem ao menos duas crianças. Uma, exterior. Outra, interior. É na criança interior que vamos encontrar a criança feliz, mas também a criança ferida. Essa criança ferida guarda lesões psicológicas, nutre necessidades, queixas reais ou imaginárias, lamentações, saudade, luto, tristeza, ansiedade, falta, incompreensão das imposições sociais. E, também, a criança ferida sente dores da Alma e lamenta e sente a dor do que desejava e do que ainda lhe falta. Todavia, essa criança cresce, e o que ficou reprimido retorna como espectros de angústias. Se a criança foi ferida pela falta de carinho dos pais, pela falta de aceitação, pelo lúdico que lhe foi negado, a proteção, o acolhimento, o diálogo, o incentivo, o estímulo, e outros cuidados físicos, espirituais e psicológicos, essas marcas lhe acompanharão por toda a vida, ou até que as ressignifique. Para isso, necessita de ajuda, força de vontade e determinação. O problema é que muitos chegam à vida adulta sem ressignificação. Você já viu um idoso com mentalidade infantil? Um jovem incapaz de resolutividade? Pois bem! Isso é mais frequente do que se imagina! Contudo, essa criança cresceu fisicamente e vive um clima de relações humanas imperfeitas e comuns, que exige amadurecimento e responsabilidade.

Na vida adulta, somos nós os responsáveis pela nossa criança interior. Um adulto com beicinho de criança **não** é só patético, é deformidade. Um adulto que permanece queixoso e acusador com sua história, eternizando o passado de faltas e carências, sustentando feridas de ontem no hoje necessita de um suporte psicofísico. Na verdade, agora, nossa criança interior **não** sofre mais pela falta do que **não** teve. Sofre pela falta do que **não** se dá. **Não** é mais o abraço do pai que falta, é a ausência de um abraço que ficou sufocado e que **não** se permite. **Não** é mais a falta de reconhecimento da mamãe que o deixa infeliz, mas a falta da grandeza do que ela deu e do seu sacrifício, que ficam presos na angustiado presente.

Logo, cada adulto **não** só pode como deve ressignificar quaisquer experiências, embora, em alguns casos, precise reconhecer que necessita de ajuda. Compreender isso é atitude de lucidez, humildade e libertação. Façamos a seguinte reflexão: seria prudente deixarmos uma criança de cinco anos no volante de um carro em uma via perigosa? É o mesmo que acontece quando a nossa criança interior queixosa fica no comando de nossa vida. Quando essa criança controla as nossas relações conosco e com os outros, projetando figuras parentais como responsáveis pelos seus atos, incide em repetições de fuga e irresponsabilidade.

Que exista uma criança ferida em nós, em devidas proporções é natural. Que ela fique no comando de nossa vida, é injustificável, imprevidência. Somos seres imperfeitos. Estamos na escola da vida, no maior sistema de aprendizagem, onde o próprio erro ensina a acertar. É até natural que haja uma falta em nós, já que somos seres de desejo e estamos (por feliz necessidade) em eterna busca de um ideal que recomeça e recomeça sempre. Sendo assim, é tarefa nossa acolher nossa humanidade ainda imperfeita, tarefa que ninguém poderá fazer por nós, cada um deve encontrar seu melhor jeito para viver.

O QUE NOS FAZ REFLETIR SOBRE A MORTE DO PRINCIPEZINHO?

Falar sobre a morte é também falar sobre a vida. **Não** se explica a vida e a morte separadamente, porque inexiste uma verdade absoluta no que diz respeito ao processo integrativo do viver e do morrer. Nesse campo, a Verdade **não** é uma Teoria bem explicada, uma fixação, um cárcere de ideias, uma gaiola de ideologias e nem de especulações evasivas. Essa verdade decorre, sobretudo, da experiência. No instante da morte, quando conseguimos abrir mão de certezas em um abraço de entrega à Vida, de entender o amor pela vida, temos uma morte feliz. Isso foi o que ocorreu com o principezinho, cercado de *paliativos* pelo diálogo com o amigo de viagem e pela conversa simbólica com a serpente.

Nessas circunstâncias, ilumina-se a percepção do que realmente importa, da sintonia com tudo que nos cerca e nos envolve de maneira profunda e gratificante. É aí que **não** faz mais sentido, para uma vida plena, a perda de certos *valores* que nos eram caros, mas que **não** passavam de convenções sociais, de condicionamentos culturais, de papéis impostos, do medo. Alguns, ao saberem de sua morte iminente, tornam-se mais sábios em relação à própria vida, que agora se reveste de muitas cores e de sentimentos gratificantes. **Não** é o caso, evidentemente, em que ocorrem intensas dores físicas ou profundas dores morais, nem de mortes violentas ou absurdas.

O fato é que, nessa hora, é muito confortante a presença de quem saiba ouvir as expressões e manifestações mais íntimas. Haverá lágrimas, como força do amor que removerão eventuais angústias, e de determinados entraves que impediam de renovar os corações. Assim sendo, proponho que nos debrucemos sobre as narrativas de "O Pequeno Príncipe", compartilhando da sua serenidade, e sejamos protagonistas do eterno devir, na caminhada existencial rumo a novos horizontes.

Fica o convite à reflexão que compete, livremente, a cada um de nós, sem pretensão de julgamentos e nem de forçar convicções, a partir dos extratos dialéticos dos protagonistas da despedida do principezinho, como se pode ver no seguinte diálogo:

> "- Eu me achava a vinte metros do muro e continuava a **não** ver nada."

O principezinho disse ainda, após um silêncio:

> "- O teu veneno é do bom? Estás certa de que **não** vou sofrer muito tempo?" - Parei, o coração apertado, sem compreender ainda.

> "- Agora, vai-te embora - disse ele... - eu quero descer!" - Então baixei os olhos para o pé do muro, e dei um salto! Lá estava, erguida para o principezinho, uma dessas serpentes amarelas que nos liquidam num minuto... Cheguei ao muro a tempo de receber nos braços o meu caro principezinho, pálido como a neve.

"- Que história é essa? Tu conversas agora com as serpentes?... E agora, **não** ousava perguntar-lhe coisa alguma." Olhou-me gravemente e passou-me os bracinhos no pescoço.

Sentia-lhe o coração bater de encontro ao meu, como o de um pássaro que morre, atingido pela carabina. Ele me disse:

"- Estou contente de teres descoberto o defeito do maquinismo. Vais poder voltar para casa..."

Nada respondeu à minha pergunta, mas acrescentou:

"- Eu também volto hoje para casa..."

Depois, com melancolia, ele disse:

"- É bem mais longe... bem mais difícil..."

Eu percebia claramente que algo de extraordinário se passava. Apertava-o nos braços como se fosse uma criancinha; mas tinha a impressão de que ele ia deslizando verticalmente no abismo, sem que eu nada pudesse fazer para detê-lo... Seu olhar estava sério, perdido ao longe... O sentimento do irreparável gelou-me de novo. E eu compreendi que **não** podia suportar a ideia de nunca mais escutar esse riso. Ele era para mim como uma fonte no deserto...

"- Meu bem, **não** será um sonho mau essa história da serpente, de encontro marcado, de estrela?..."

"- O que é importante, a gente **não** vê..."

"- Fizeste mal. Tu sofrerás. Eu parecerei morto e **não** será verdade..."

"- Tu compreendes. É longe demais. Eu **não** posso carregar este corpo. É muito pesado."

"- Mas será como uma velha casca abandonada. Uma casca de árvore **não** é triste..."

Perdeu um pouco de coragem. Mas fez ainda um esforço... Permaneceu, por um instante, imóvel. **Não** *gritou. Tombou devagarinho como uma árvore tomba. Nem fez sequer barulho, por causa da areia."*

AO TÉRMINO DESSA JORNADA, VALEU A PENA?

No dizer do poeta Fernando Pessoa, "Tudo vale a pena, se a alma **não** é pequena". Cogita-se, ao término desse livro, sobre o autocídio do pequeno príncipe, ao se deixar *picar* pela serpente. Considerando a sutileza do tema e, diante da fonte pura em que fomos beber, no percurso dessa parábola, de onde jorra tanta sabedoria, evitamos nos demorar no assunto, porém propondo uma reflexão final.

A temática do suicídio, através dos tempos, foi causa de muitas e acirradas divergências, em função de hábitos, crenças, costumes, religiões, ideologias, legislações etc.

Com efeito, uns veem o ato de se matar com consequências meramente fisiológicas, ligadas à matéria; outros, com repercussões espirituais; sem que, quaisquer dessas correntes, alcance, isoladamente, todas as causas de tal ato e todos os meios de prevenção capazes de erradicar o autocídio extermínio que envolve tanto a dimensão do corpo, como do Espírito. Poderíamos destacar, sem maior pretensão, como meio do ser humano tratar as próprias angústias e, com isso, encontrar outras saídas para elas, o processo de autoconhecimento e a prática do bem, com repercussões sempre positivas para o ser, que pode então lidar com sua imperfeição, sem abrir mão do seu processo de evolução pessoal.

A rigor, tudo tem consequência. É necessário coragem e sabedoria para suportar as crises e continuar vivendo. A sensatez pode ser aceitar a vida com suas dinâmicas. É inútil, ao revés, insistir em ignorá-las e em fugir das próprias responsabilidades. Existir, às vezes, é difícil. A angústia e o sofrimento apresentam-se, em muitos momentos, aparentemente insuperáveis. No entanto, a poder da nossa humanidade aponta para ser sempre possível construir uma solução que **não** seja atentar contra a própria vida. Se pensarmos na vida como um processo que ultrapassa o estado presente, **não** teríamos no ato de exterminá-la uma solução, mas apenas uma transmutação para outros processos. Avida **não** é um sonho, uma quimera. É pulsão contínua, que evolui sem cessar, de modo que, na natureza, nada se perde de forma definitiva, tudo apenas se transforma. Por isso, quando tocamos na ferida do suicídio, preferimos falar da Existência. “Ser” **não** é somente “ser no corpo”. A existência ultrapassa a matéria, o espaço e o tempo. Procuramos **não** enxergar o existir com reducionismo, nem ver a vida por uma lente só ou por um espelho opaco. De conseguinte, quer compreendamos essa temática por uma via naturalista ou religiosa, encontramos finalidades e propósitos superiores. Se em tudo há um ritmo e uma gradação, podemos escolher caminhar nas trilhas da evolução, embora muitas vezes tenhamos dificuldades de entendê-las ou de aceitá-las.

Esse processo de aceitação e entendimento nos acompanhará durante toda a existência. Assim, somos seres imperfeitos, mas capazes de encontrar em nós mesmos nossa essência e nossos modos próprios de expandi-la. O trajeto da vida poderia ser acolher e aceitar aquilo que somos, buscando, contudo, a mudança positiva e o aprimoramento pessoal. Passo a passo, podemos fazer o melhor que estiver ao nosso alcance nesse sentido. Rupturas radicais, citando como exemplo o suicídio, são traumáticas e dolorosas para todos, sem alcançar o resultado humano imediato e desejado; já que o propósito de destruir a vida de modo definitivo é impossível. O mais belo e sublime desse texto é termos todos a possibilidade de refletirmos e consideramos um novo final para o pequeno príncipe, para além da única opção que lhe parecia cabível de deixar-se picar pela serpente. Poderia o pequeno príncipe esperar voltar para casa, assim como veio à Terra, carregado pelos balões? Mesmo sem saber quanto tempo os balões poderiam demorar, seria possível que ele suportasse a saudade da rosa e, mais ainda, a transformasse numa lembrança de alegria e ternura? Sendo a rosa, sem dúvidas, um ser único, ele poderia ser grato por esse encontro e se abrir para novos encontros com outros seres que também são únicos em sua natureza?

As perguntas são pessoais e infinitas, pois apontam para as muitas possibilidades que podemos construir para suportar nossas questões existenciais. Em suma, fará parte do processo de todos nós respondê-las diante dos nossos próprios balões, das nossas próprias rosas e das nossas próprias perdas...

PARA AONDE FOI NOSSO PEQUENO PRÍNCIPE?

Diante da morte, aquele "pedacinho de gente" empalideceu com o coraçãozinho pulsando mais lento, no silencioso voo de pássaro que some na imensidão. O piloto ampara-o nos braços, "mas tinha a impressão de que ele ia deslizando verticalmente no abismo, sem que nada pudesse fazer para detê-lo". Segue-se um desabafo: "O sentimento do irreparável gelou-me de novo."

No geral, quando entes queridos se vão, a ideia da ausência fere o coração. Os adultos expõem suas carências e fragilidades existenciais, e ingressam na espessa sombra do luto. Daí a pertinência de Jung ao dizer: "Estou convencido de que é higiênico vislumbrar na morte uma meta a atingir, e que a resistência a ela é insalubre e anormal e priva a segunda metade da vida de seu objetivo." É que a morte **não** se afasta da vida e nem a vida se afasta da morte, são contíguas, dinâmicas e processuais. **Não** é possível simplesmente ignorá-las. **Não** importa se somos agnósticos, ateus ou crentes, mas sim sua aceitação e reflexão. Viver é aprender a morrer e morrer é aprender a viver.

O pequeno príncipe abre espaço à consolação diante da partida, recitando: "*Tu olharás, de noite, as estrelas. Onde eu moro é muito pequeno, para que eu possa te mostrar onde se encontra a minha. É melhor assim. Minha estrela será então qualquer uma das estrelas. Gostarás de olhar todas elas... Serão todas suas amigas.*" Na verdade, os mortos, como estrelas, **não** estão mortos, estão de mudança. Até mesmo os incrédulos **não** podem negar que seus mortos permanecem vivos na memória. Cada um de nós somos partículas da imortalidade quando somos solidários e, no aconchego do ninho universal, promovemos o calor do mundo no conserto pedagógico da Lei do Amor. A fragrância dos que se foram, que tanto nos moveu e comove, permanece em nossas almas.

Por vezes, pegamo-nos em diálogos, sem palavras articuladas, com os nossos mortos! A Vida é força motriz geradora de continuidade. Somos partes efetivas dessa engrenagem, continuando a caminho e abrindo caminhos. Morrer é, antes de tudo, impulsionar essa caminhada, obedientes às Leis Naturais. A morte do pequeno príncipe **não** é triste: "*Houve apenas um clarão amarelo perto de sua perna. Permaneceu, por um instante, imóvel.* **Não** *gritou. Tombou devagarinho como uma árvore tomba.* **Não** *fez sequer barulho, por causa da areia.*" A morte é inevitável e necessária. Com efeito, necessitamos, cada vez mais, de uma educação para a morte, para a liberação daquilo que é inevitável.

A morte, se bem entendida, é um processo de destilação no qual a Essência vai se burilando. A morte, pois, constitui **não** mais que transformação impulsionada pela lei do progresso. O repouso eterno, a beatitude extática, é um absoluto de imaginação que o homem inventou para o próprio tormento. Ao revés, a Vida **não** cessa. A existência ultrapassa a matéria. **Não** faz sentido imaginar que **não** há propósito para a Vida no universo. Existir **não** é apenas uma passagem pela Terra. A Vida é e vai mais além. Os relatos do principezinho são setas lançadas nessa direção, e com ele renovamos coragem, nossos corações pulsam e ganham esperança, e muita coisa incompreendida passa a ter propósito e sentido.

PARA CONCLUIR, GOSTARIA DE ACRESCENTAR ALGO?

Devo confessar que minhas leituras e estudos infanto--juvenis muito contribuíram para minha formação integral. No entanto, naquela época, **não** existia tanta controvérsia e tantos conflitos no mundo dos ideários pedagógicos, psicopedagógicos, psicológicos. Talvez, dado ao atraso cultural do nosso país. Li bastante. Do quanto li, a maioria dos livros já **não** são editados no Brasil. Um deles, considerado entre os 100 melhores livros de ingleses de todos os tempos, se chama "Agora **não**, Bernardo". Trata-se de uma profunda e resumida história. Eis o que diz de início:

"- Oi, pai" - diz o Bernardo.

"- Agora **não**, Bernardo" - diz o pai.

"- Oi, mãe" - diz o Bernardo.

"- Agora **não**, Bernardo" - diz a mãe.

"- Tem um monstro no jardim. Ele vai me devorar" - diz o Bernardo.

"- Agora **não**, Bernardo" - diz a mãe.

E o monstro devora Bernardo inteirinho, pedacinho por pedacinho. Ele entra na casa, morde o pai do Bernardo.

"- Agora **não**, Bernardo" - diz o pai do Bernardo.

O monstro janta, vê televisão, quebra um brinquedo do Bernardo.

"- Vá para a cama, já deixei seu leite no quarto" - grita a mãe do Bernardo.

"- Mas eu sou um monstro" - diz o monstro.

"- Agora **não**, Bernardo."

Quem diria que isso **não** é boa literatura, só porque inclui o nome monstro? Logo, **não** se pode obscurecer o fato de as crianças **não** serem anjos perfeitos e imaculados. A criança é gente como a gente: sente, sofre, ri, chora, alegra-se, comemora, reage, compartilha, tem sentimentos. Na criancinha existe um coração. Ela **não** é apenas uma máquina que pensa. Precisa de amor, de afetividade e compartilhamento.

Para finalizar ilustrativamente, mais um pequeno texto:

"Era uma menina chamada Jezebel, que era perfeita em tudo. Enquanto todo mundo corria, ela andava direitinho. Ela tomava remédio sem reclamar, dizia obrigada, **não** jogava nada fora do lixo, **não** enfiava o dedo no nariz... Enfim, ela era perfeita. Era tão perfeita em matemática e português que recebia medalhas da primeira-ministra por ser tão boa, ganhava estátuas por ser a melhor menina do mundo. Conforme a história ia passando, Jezebel ia ficando cada vez mais vampiresca. No final, todas as crianças aparecem correndo porque um crocodilo fugiu do zoológico. Jezebel diz:

"- **Não** posso correr, a gente escorrega"

Aí vem o crocodilo e come Jezebel. Alguém diz para ele:

"- Seu malvado, você comeu a melhor menina do mundo".

E ele responde:

"- Já comi coisa melhor".

Esse final bem merece maiores reflexões! **Não** é preciso lembrar que o mundo de Jezebel **não** era real, era totalmente artificial. A literatura tem uma grande virtude, possibilita um mergulho na profundidade da condição humana na Terra.

GLOSSÁRIO

Aristóteles: Filósofo grego. Seus escritos abrangem diversos assuntos, como: a física, a metafísica, as leis da poesia e do drama, a música, a lógica, a retórica, o governo, a ética, a biologia, a linguística, a economia e a zoologia.

Bert Hellinger: Foi um psicoterapeuta alemão, inventor das Constelações Familiares.

Carlos Drummond de Andrade: Poeta, contista e cronista brasileiro, considerado por muitos o mais influente poeta brasileiro do século XX. Drummond foi um dos principais poetas da segunda geração do Modernismo brasileiro.

Clarice Lispector: Uma das mais famosas autora de romances, contos e ensaios, sendo ela considerada uma das escritoras brasileiras mais importantes do século XX.

Dante Alighieri: Escritor, poeta e político florentino, nascido na atual Itália. É considerado o primeiro e maior poeta da língua italiana.

Erasmo de Roterdão (Roterdã): Teólogo e filósofo humanista neerlandês que viajou por toda a Europa.

Ernest Hemingway: Escritor norte-americano. Trabalhando como correspondente, teve inspiração para uma de suas maiores obras, Por Quem os Sinos Dobram.

Evandro Linse Silva: Jurista, jornalista, escritor e político brasileiro.

Ezra Pound: Além de poeta, era músico e crítico literário americano.

Baruch Espinoza: Foi um dos grandes racionalistas e filósofos do século XVII dentro da chamada Filosofia Moderna.

Freud: Além de médico neurologista, exerceu psiquiatra, e ganhou o título de criador da psicanálise.

George Steiner: Famoso crítico literário, professor na Universidade de Cambridge e Genebra.

Heráclito: Foi um filósofo pré-socrático considerado o "Pai da dialética".

Jorge Luis Borges: Escritor, poeta, tradutor, crítico literário e ensaísta argentino.

José Lins do Rego: Escritor brasileiro que ficou conhecido como um dos romancistas regionalistas mais prestigiosos da literatura nacional.

Jung: Psiquiatra e psicoterapeuta suíço que fundou a psicologia analítica.

Leibniz: Proeminente polímata e filósofo alemão e figura central na história da matemática e na história da filosofia.

Montaigne: Jurista, político, filósofo, escritor, cético e humanista francês, considerado como o inventor do ensaio pessoal.

Monteiro Lobato: Foi um escritor, ativista, diretor e produtor brasileiro.

Kant: Filósofo prussiano, denominado como principal filósofo da era moderna.

Ortega Y Gasset: Considerado maior filósofo espanhol do século XX.

Pascal: Matemático, escritor, físico, inventor, filósofo e teólogo católico francês.

Pablo Casals: Foi um virtuoso violoncelista e maestro catalão.

Paulo Mendes Campos: Sua carreira foi marcada por sua versatilidade, onde ele foi escritor, poeta e jornalista brasileiro.

Platão: Foi um filósofo e matemático do período clássico da Grécia Antiga, autor de diversos diálogos filosóficos.

Roland Barthes: Foi um escritor, sociólogo, crítico literário, semiólogo e filósofo francês.

Sócrates: Famoso filósofo ateniense do período clássico da Grécia Antiga. Creditado como um dos fundadores da filosofia ocidental.

Qin Shi Huang Di: Foi rei do estado chinês e posteriormente tornou-se o primeiro imperador de uma China unificada.

Stacy Schott: Biógrafa.

Saint-Exupery: Escritor da famosa obra "O Pequeno Príncipe", ilustrador e piloto francês.

Sidarta (Buda): Popularmente chamado simplesmente de Buda. Foi um príncipe de uma região no sul do atual Nepal.

Umberto Eco: Em vida, exerceu papéis como escritor, filósofo, semiólogo, linguista e bibliófilo italiano de fama internacional.

William Morris: Foi designer têxtil, poeta, romancista, tradutor e ativista inglês.

AGRADECIMENTOS

Para muitos homens a gratidão envelhece logo. Ao revés, por imperativo ancestral, cultural, humanista e espiritual, transporto a virtude estoica da fidelidade e da gratidão. Sêneca lecionava que quem acolhe um benefício com gratidão, paga a primeira prestação de sua dívida. Goethe, escritor alemão, dizia que "a ingratidão é uma forma de fraqueza." Nunca vi homens sábios serem ingratos. É sabido que toda e qualquer generalização é insana. Aqui fujo a regra. Agradeço a Vida porque agradecendo-a estou sendo grato a todos e a todas que possibilitaram a construção deste livro e **não** cometo o equívoco de esquecer alguém, pois **não** há nada mais degradante que a discriminação voluntária ou negligenciada. E viver é compartilhar, relacionar-se, recomeçar sempre a cada instante, considerando que somos imperfeitos e perfectíveis, **não** podendo dispensar o concurso dos nossos semelhantes.

Necessitamos uns dos outros para evoluir. Somos seres eminentemente gregários, nascidos para viver em sociedade. Daí, resulta que a vida de um homem seja produzida por ele mesmo a partir de suas inter-relações. A verdadeira superioridade **não** passa disso, em benefício da humanidade, já que viver é a arte de aprender a viver. Sintam-se, pois, copartícipes desse projeto tal como somos cocriadores do propósito existencial.

Papel de miolo Pólen Soft 80g/m^2
Papel de capa Tríplex imune 350g/m^2
Impressão Gráfica Santa Marta